bvbooks

Orando
Segundo as Cartas de Paulo

Sétimo livro da Série Ore à Luz da Bíblia

Elmer L. Towns

bvbooks

bvbooks

BV Films Editora Eireli.
Rua Visconde de Itaboraí, 311
Centro | Niterói | RJ | 24.030-090
55 21 2127-2600 | www.bvbooks.com.br

Original published in the USA by Destiny Image Shippensburg, PA USA, Praying Paul's Letters by Elmer L. Towns. Copyright© 2008 – Elmer L. Towns – USA.

The author is represented by The Steve Laube Agency, LLC, Phoenix, Arizona.

Published by Barbour Publishing, Inc., P.O. Box 719, Uhrichsville, Ohio 44683, www.barbourbooks.com

Editor Responsável
Claudio Rodrigues

Todos os direitos reservados e protegidos pela Lei 9610/98. É expressamente proibida a reprodução deste livro, no seu todo ou em parte, por quaisquer meios, sem o devido consentimento por escrito.

Adaptação Capa
Mariana Haddad

Diagramação
Verba Editorial
Mariana Haddad

As passagens bíblicas utilizadas nesta obra foram, majoritariamente, da Nova Versão Internacional (NVI), salvo indicação específica. Todos os direitos reservados.

Tradução
Christiano Titoneli

Revisão Textual
Miriam Libório
Suzanne Mendonça
Ana Julia Ferro

Os conceitos concebidos nesta obra não, necessariamente, representam a opinião da BV Books, selo editorial BV Films Editora Eireli. Todo o cuidado e esmero foram empregados nesta obra; no entanto, podem ocorrer falhas por alterações de software e/ou por dados contidos no original. Disponibilizamos nosso endereço eletrônico para mais informações e envio de sugestões: faleconosco@bvbooks.com.br.

Revisão de Provas
Ana Julia Ferro

Todos os direitos em língua portuguesa reservados à BV Films Editora ©2016.

TOWNS, Elmer L.
Orando Segundo as Cartas de Paulo - Rio de Janeiro: BV Books, 2016.

ISBN	978-85-8158-096-8
1ª edição	Maio	2016
Impressão e Acabamento	Promove
Categoria	Vida Cristã	Teologia	Oração

Impresso no Brasil | Printed in Brazil

Orando
Segundo as Cartas de Paulo

Romanos
1 Coríntios
2 Coríntios
Gálatas
Efésios
Filipenses
Colossenses
1 Tessalonicenses
2 Tessalonicenses
1 Timóteo
2 Timóteo
Tito
Filemom

Sumário

Ore comigo à luz das Cartas de Paulo 9

ROMANOS
História de como foi escrita a Carta aos Romanos 11
    Orações baseadas na Carta aos Romanos 1:1–16:27 15

1 CORÍNTIOS
História de como foi escrita a primeira Carta aos Coríntios 60
    Orações baseadas na primeira Carta aos Coríntios 1:1–16:24 ... 64

2 CORÍNTIOS
História de como foi escrita a segunda Carta aos Coríntios 108
    Orações baseadas na segunda Carta aos Coríntios 1:1–13:14 ... 112

GÁLATAS
História de como foi escrita a Carta aos Gálatas 142
    Orações baseadas na Carta aos Gálatas 1:1–6:18 146

EFÉSIOS
História de como foi escrita a Carta aos Efésios 162
    Orações baseadas na Carta aos Efésios 1:1–6:24 166

FILIPENSES
História de como foi escrita a Carta aos Filipenses 178
    Orações baseadas na Carta aos Filipenses 1:1–4:23 181

COLOSSENSES
História de como foi escrita a Carta aos Colossenses 191
    Orações baseadas na Carta aos Colossenses 1:1–4:18 194

1 TESSALONICENSES
História de como foi escrita a primeira Carta aos Tessalonicenses — 205
    Orações baseadas na primeira Carta aos Tessalonicenses
    1:1 – 5:28 — 208

2 TESSALONICENSES
História de como foi escrita a segunda Carta aos Tessalonicenses — 217
    Orações baseadas na segunda Carta aos Tessalonicenses
    1:1 – 3:18 — 220

1 TIMÓTEO
História de como foi escrita a primeira Carta a Timóteo — 225
    Orações baseadas na Primeira Carta a Timóteo 1:1 – 16:24 — 229

2 TIMÓTEO
História de como foi escrita a segunda Carta a Timóteo — 242
    Orações baseadas na segunda Carta a Timóteo 1:1 – 4:22 — 247

TITO
História de como foi escrita a Carta a Tito — 256
    Orações baseadas na Carta a Tito 1:1–3:15 — 258

FILEMOM
História de como foi escrita a Carta a Filemom — 263
    Orações baseadas na Carta a Filemom 1:1 – 25 — 268

Ore comigo à luz das Cartas de Paulo

Este projeto teve início há quatro anos, quando, certa manhã, comecei a traduzir o Salmo 37 para uma linguagem mais popular, depois o transpondo para a segunda pessoa – como uma oração a Deus. O Salmo 37 ficou bom, então traduzi o Salmo 34. Em seguida, resolvi traduzir o livro inteiro de Salmos, não para as pessoas, mas para o meu próprio crescimento espiritual. Eu queria orar com base nos Salmos.

Falando desse projeto com Don Milan, editor da Destiny Image Publishing, ele disse: "Eu quero publicar esse livro". Então, em 2004, lancei *Praying the Psalms*. Desde então, foram lançados mais cinco livros da série *Ore à Luz da Bíblia*.

Agora, convido você a se juntar a mim em *Orando Segundo as Cartas de Paulo*. Se você fizer mais do que ler as palavras de Paulo – se as disser de coração – elas transformarão a sua vida. A Bíblia faz isso.

Orar à luz da Bíblia é muito mais do que *ler* as passagens, pois a leitura normal da Bíblia trabalha o intelecto – a mensagem passa pela nossa mente. Mas, ao *Orar à Luz da Bíblia*, vamos a um nível mais profundo – o do coração. Nossas emoções se envolvem com a mensagem, e, então, mudamos nossos desejos; pois, quando falamos com Deus por meio da Sua Palavra, somos escolhidos para adorá-Lo e obedecer-Lhe. *Orando Segundo as Cartas de Paulo* tocará seu intelecto, suas emoções e seus desejos. É assim que nossa vida é transformada.

Em vez de incluir fatos enciclopédicos como introdução a cada epístola de Paulo, escrevi uma história buscando unir os fatos a respeito do que ele escreveu – onde estava, por que escreveu, o que quis dizer e o que queria produzir na vida dos que as recebiam. As histórias permanecem como penso que aconteceram, incluindo o sentimento que envolvia

Paulo ao escrever cada epístola. Obviamente, elas não foram inventadas, o fundamento dos fatos foi incluído para fazer você entender cada epístola e ajudá-lo a colocar tudo isso em prática no dia a dia.

Enquanto estiver *Orando Segundo as Cartas de Paulo*, que você possa tocar Deus de uma nova forma – porém, de uma forma muito maior, que você seja tocado por Deus.

Sinceramente em Cristo,
Elmer L. Towns
Escrito em minha casa aos pés das
Montanhas Blue Ridge

Romanos

História de como foi escrita a carta aos Romanos

Data: d.C. 60 – Escrita em: Corinto, Grécia – Escrita por: Paulo

Eu estava sentado com vários dos meus seguidores numa casa em Corinto. A sala estava abafada, mas estávamos longe do sol. Ficamos olhando as enormes sombras da tarde escurecendo a casa.

Eu disse ao grupo que tinha um grande desejo de pregar o Evangelho em Roma. Disse também que, quando pregamos lá, estamos alcançando o mundo. Lembrei-lhes de que todos os caminhos levam a Roma, isso significa que podemos usá-los para viajar para diferentes direções ao redor do mundo.

Um dos meus seguidores disse: "Paulo, você não pode ir para Roma, a cidade é muito grande, o pecado está desenfreado por lá. A cidade está tomada pela idolatria, porque o César Augusto construiu ou restaurou recentemente 82 templos. Não se esqueça da política. O Senado acabou de construir um novo fórum. A cidade está entregue aos pecados da carne e aos prazeres. O novo coliseu abriu inscrições para corridas de carruagem, combates de gladiadores e apresentações teatrais. Nada lhes agradaria mais que o lançar aos leões no meio daquela massiva arena".

Os demais seguidores nada disseram, mas seus olhos dardejaram de um para o outro para ver a reação de cada um. Em seguida, olharam para mim, eu era o líder. Nunca fugi de um desafio e nunca fui a uma cidade em que não evangelizasse.

A sala estava em silêncio. Uma mosca qualquer, ignorando a eterna decisão pendente, zumbia pelo cômodo. Além disso, a única outra coisa que se ouvia eram as profundas respirações de alguns dos seguidores.

Eu não disse nada, mas levantei devagar, caminhei até à janela aberta e, olhando para baixo, vi a rua de Corinto. "Não existia um cristão, quando cheguei nesta cidade. Corinto era conhecida como a cidade-porto mais pecadora de todo o Mar Mediterrâneo".

Olhei para todos os lados da sala e, em seguida, apontei para baixo em direção à rua: "É lá o lugar onde fiz as tendas para Áquila e Priscila, e é por ali" – apontando para outro lado da rua – "onde viveram. Estava próximo da hora do jantar quando aceitaram crer em Jesus Cristo como seu Salvador pessoal. Foi por meio deles que o Evangelho se espalhou pela sinagoga e muitos judeus se converteram".

Andei até o outro lado da sala e abri a porta. Sem demora, a brisa da noite invadiu o ambiente. Da porta, conseguíamos ver o Mar Egeu. Apontei outra vez: "Ali está a sinagoga, e perto dela está o lar de Justiça. Lembrem-se, nós convidamos todos os cristãos a deixar a sinagoga para começar a fazer cultos na Casa da Justiça. Quero que todos meus seguidores lembrem-se do que Deus fez em Corinto".

Olhei para todos os lados da sala. "Esta era uma das cidades mais ímpias da Grécia, mesmo assim o Evangelho chegou aos corações de muitos. Sim, Roma está do mesmo jeito e me comprometo a pregar o Evangelho em cada lugar corrompido onde o nome de Cristo não foi ouvido ainda".

Andei energicamente pela sala, voltando rapidamente à porta que dava para o mar e apontei em direção à amurada. "Lá está a amurada onde barcos são colocados em vagões e movidos até o istmo. Fazem isto para poupar cinco ou seis dias de navegação para Roma. A cada hora, um barco é deixado sobre a estreita faixa de terra, e a cada hora parte um navio – levando o Evangelho com eles."

Lembrei-lhes de que muitos cristãos trabalhavam ali empurrando o vagão, sem motor, em direção àquela pequena faixa de terra. Enquanto os navegadores esperavam os barcos chegarem, visitavam tavernas e casas de prostituição. Mas os servos de Deus, ao encontrar o navio, testemunhavam para eles que Jesus, o Salvador, havia morrido por seus pecados. Muitas vezes, o navio saía de Corinto levando cristãos a bordo com objetivo de proclamar o Evangelho para os portos de todo o Mar Mediterrâneo.

Depois lhes disse: "Se um navio pode deixar o porto de Corinto a cada hora, deveria haver centenas de pessoas saindo de Roma todo dia pela Via Ápia, indo ao redor do mundo com o Evangelho".

Assim terminou a conversa. Antes de saírem, disse a Tércio que eu tinha um trabalho para ele. Pedi-lhe que me encontrasse bem cedo no dia seguinte.

Na manhã seguinte, levantei cedo e encontrei Tércio no pátio detrás da casa. Expliquei que nas próximas semanas eu escreveria a carta mais importante da minha vida. Pelo fato de Roma ter sido o centro do mundo, senti que precisavam de uma carta explicando o cristianismo do início ao fim, do Alfa ao Ômega.

Tracei meu projeto e, depois, disse a Tércio: "Pega a tinta, pena e papel, pois você é quem deve escrever essa epístola para mim. Meus olhos estão muito fracos, mas lerei com cautela cada palavra escrita por você e darei a minha assinatura". Expliquei que a carta precisava de reconhecimento, precisava da minha assinatura como apóstolo da graça.

Eu conseguia ler, mas não de forma clara e rápida demais. Às vezes, demorava um pouco para as letras na página tomarem forma em minha mente. Foi depois de eu ser apedrejado em Listra que fiquei com problema nos olhos. Em minha opinião, tudo indica que a pedra prejudicou um nervo ou, talvez, a retina foi atingida por uma pedra pontiaguda.

Antigamente, eu escrevia com minhas próprias mãos cada palavra de minhas cartas. Escrevi aos Gálatas – minha primeira carta – "Vejam só, eu escrevia cartas enormes".

No entanto, essa carta aos Romanos será muito maior e, se eu usar letras garrafais, vai custar provavelmente muitos rolos. Eu queria que essa carta ficasse em um rolo apenas, pois sabia que seria copiada pela igreja de Roma e enviada a todas as outras. Além disso, os pregadores itinerantes que passavam por Roma faziam uma cópia para levar a carta a outras igrejas mais afastadas. Essa carta estava prestes a circular por todo o mundo Mediterrâneo. Se fossem dois ou três rolos, poderia se perder um, e daí as pessoas não teriam a versão completa do plano de salvação magnífico de Deus.

Tércio voltou com uma mesa de colo, pegou um rolo e o abriu. Preparou uma boa quantidade de tinta para esse projeto especial. Amassou o carvão até virar pó, em seguida, misturou com óleo de oliva. Mexeu até se transformar em tinta, depois mergulhou a pena, pressionou a ponta para puxar a tinta e pronto, estava preparado para escrever. Perguntou ele: "Qual vai ser a primeira palavra?".

Sorri e, então, falei devagar: "Paulo, servo de Cristo Jesus, chamado para ser apóstolo, separado para o Evangelho de Deus, o qual foi prometido por meio dos Seus profetas". Nada se ouvia naquele pátio, senão o barulho da pena no pergaminho.

Sinceramente em Cristo,
Apóstolo Paulo

Sentados lá no pátio em Corinto, os dois homens escreveram a maior explicação do Evangelho já registrada pelo homem. Por que a maior? Porque Paulo foi inspirado para escrever fielmente o que Deus queria que o Espírito Santo escrevesse.

Orações Baseadas na Carta aos Romanos

Introdução e a Culpa dos Gentios

Romanos 1:1-17

Senhor, o apóstolo Paulo escreveu aos cristãos de Roma dizendo que era servo escolhido para pregar as boas-novas que Tu prometeste no Antigo Testamento por meio dos profetas.

Que eu sempre seja fiel ao meu chamado,
Como Paulo foi em seu próprio serviço.

Senhor, obrigado pelo Evangelho acerca do Teu Filho, o Senhor Jesus Cristo. Aquele que veio como bebê pela linhagem do rei Davi, que ressuscitou dos mortos pelo Espírito de Santidade para demonstrar que era o poderoso Filho de Deus.

Senhor, obrigado porque, por Cristo, toda Tua misericórdia tem sido derramada sobre mim para ser testemunha a todos, em todo lugar da Tua graça, para que possam crer e tornar-se seguidores de Cristo.

Senhor, Paulo disse aos amados amigos em Roma que Tu os amaste e os chamaste; Paulo pediu que a graça e a paz vindas de Ti – Deus, o Pai e do Senhor Jesus Cristo – repousassem sobre eles.

Que a Tua graça e paz preencham a minha vida,
Enquanto eu andar no Teu chamado e amor.

Senhor, Paulo contou a todos sobre a fé dos fiéis romanos, e o dever dele foi servir a Ti orando continuamente por eles.

Paulo orou buscando especialmente a oportunidade de ter uma viagem segura, para que pudesse vê-los. Ele queria fortalecer os dons Espirituais desses servos, a fim de que a igreja crescesse cada vez mais espiritualmente.

Senhor, Paulo quis abençoar a igreja de Roma, ao compartilhar sua própria fé com Eles possibilitando que se tornassem bênção para a vida dele.

Senhor, Paulo contou aos romanos que havia planejado muitas outras vezes visitá-los, mas foi impedido. Ele queria ministrar-lhes, assim como havia ministrado em outras igrejas gentias.

Senhor, é dívida minha levar o Evangelho tanto aos povos civilizados quanto aos grupos não alcançados que nunca ouviram o Evangelho.

Senhor, estou preparado para pregar a qualquer um indistintamente, assim como Paulo esteve preparado para pregar o Evangelho ao povo de Roma e a todos no mundo.

Senhor, não me envergonho das boas-novas de Cristo, pois fazer as pessoas crerem que podem ser salvas é algo poderoso.

Senhor, concordo com a prioridade dada por Paulo, de que o Evangelho precisa primeiro ser pregado aos judeus e, depois, aos gentios. Quando depositamos nossa confiança pessoal no Evangelho, Tu declaras que somos justos – preparados para o céu. É isso que o Antigo Testamento ensina: "O justo viverá pela fé".

Por que os Gentios Estão Perdidos

Romanos 1:18-32

Senhor, Tu revelaste que, por rejeitarem a verdade ensinada, castigarás a todos que transgredirem Teus mandamentos. Mostraste quem és Tu ao povo. Além disso, todos podem facilmente aprender com a natureza que foi o poderoso Criador quem fez este vasto universo e foi o sábio Criador quem ordenou as leis da natureza para que tudo estivesse no controle.

Senhor, ninguém pode dar desculpas, quando for julgado e condenado, pois todos sabem que Tu existes e tens o poder eterno.

Senhor, todos sabem que Tu existes, mas não reconhecem a Ti, ou Te agradecem pela bênção da natureza, ou nem mesmo adoram a Ti. Estão controlados pela forma de pensamento ilógico, pois rejeitam a lógica da Tua existência.

As mentes estão cegas e confusas. Quando pensam ser sábios, são tolos. Em lugar de adorar a Tua gloriosa presença, adoram deuses feitos de madeira, ou pedras com semelhança de pássaros, ou animais, ou cobras, ou pessoas corruptas.

Senhor, deixaste aqueles que Te rejeitaram cometer todo tipo de pecado sexual, entregando-se completamente à luxúria, degradando seus corpos uns com os outros. Em vez de acreditar na verdade que conheciam acerca de Ti, foste rejeitado deliberadamente, quando escolheram adorar e servir a ídolos criados no lugar de Ti, o Criador, que tinhas o poder de abençoá-los.

Senhor, os entregaste aos desejos, visto que as esposas transformaram práticas sexuais naturais em atos anormais. Os maridos transformaram as relações normais com as esposas em luxúria, práticas sexuais com outros parceiros. Homens se comportaram de forma indecente com outros homens, sendo castigados pelas próprias perversões.

Senhor, desde quando rejeitaram a Ti – entregaste-os às próprias ideias irracionais e corruptas. Neste instante, continuam pensando em ideias novas e sexualmente estimulantes que só os imorais conseguem conceber. Estão sob o controle de toda sorte de maldade e ganância, e ódio, e rivalidade, e amargura, e mentiras; são capazes até de matar aqueles que os tratarem mal. Brigam, Te odeiam, são orgulhosos, pensam, cheios de si e a todo tempo, em novas maneiras de pecar e odeiam os pais. Não entendem o que é certo e nem sabem fazer o certo. Quebram promessas, são mesquinhos e não têm sentimentos pelos outros. Em seus corações, sabem que Tu os julgarás, mas negam exteriormente. Seguem em frente fazendo todas essas coisas em rebeldia a Ti e buscam os que contra Ti estão.

Senhor, sei que só Tu és Deus e que o pecado significa não crer em Tua Existência e rejeitar Tuas Leis.

Dá-me fé para sempre confiar em Ti
E dá-me coragem para sempre seguir Teus planos para minha vida.

Amém.

A Culpa dos Religiosos

Romanos 2:1-29

Senhor, as pessoas não têm desculpa para os pecados cometidos,
   Pois criticam os outros que cometem o mesmo.
   Ao julgar os semelhantes, condenam-se,
   Pois não agem diferente dos que condenam.

Senhor, Tu condenas todos que vão contra as Tuas Leis
   E castigas com justiça os que as transgridem.
   Os que fazem juízo das outras pessoas
   Serão julgados, porque fazem exatamente as mesmas coisas.

Senhor, és paciente com todos os que pecam contra Ti,
   Esperas muito tempo até castigá-los.
   Tu lhes dás oportunidade para se arrepender
   E, do pecado, voltarem para Ti;
   Tua bondade os leva ao arrependimento.

   Mas não, recusam-se obstinadamente,
   Fazendo crescer Tua ira.
   Um dia, então, sofrerão o castigo
   Quando punires cada um por seus pecados.
   Como a Bíblia nos ensina:
   "Deus retribuirá a cada um conforme o seu procedimento".

Senhor, aqueles que buscam Tua honra e imortalidade
   Ganharão de Ti vida eterna.
   Aqueles que recusam Tua verdade e fazem o mal,
   Castigarás com ira e fúria.
   Passarão por dor e sofrimento,
   Porque se voltaram contra Ti e buscaram o mal.
   Estão incluídos também os judeus e os gentios.
   Mas haverá glória, honra e paz,
   Para todos que buscarem a Tua salvação,
   Incluindo os judeus e os gentios também.

Senhor, não há acepção de pessoas contigo,
   Castigarás os gentios, quando pecarem,
   Até mesmo se nunca tiverem ouvido falar sobre Tua Lei escrita
   Castigarás os que possuem acesso à Tua Lei,
   Serão julgados pelo que está na Lei.

Percebo que não basta conhecer a Lei,
    Mas, é no guardá-la que nos santificamos.
    Os gentios que nunca ouviram falar dela
    Sabem por meio da consciência o que ela pede.
    Sabem por meio da razão obedecê-la,
    Mesmo não a "dominando" em sua forma escrita.
    O que consta nela está escrito em seus corações,
    Sabem o certo e o errado.
    A consciência acusa quando pecam,
    Ou lhes perdoa, quando fazem o certo.

Senhor, Tu castigarás os judeus, quando pecarem,
    Pois desobedecem à Lei escrita que possuem;
    Sabem o que é certo, mas não o fazem.
    Ninguém está salvo porque sabe o que é certo,
    É salvo, quando faz o certo.

Senhor, o dia em que Jesus Cristo julgará os segredos de todo o povo
    se aproxima e este estará pronto para conhecer a Ti no julgamento
    Pelo qual eu tenho sido salvo e tenho estado vivo por Ti.

Senhor, os que se chamam de judeus
    Devem andar segundo a Lei de Deus
    E Te honrar com a própria vida.
    Os judeus precisam conhecer Teu desejo, pois conhecem Tua Lei,
    E precisam conhecer o certo e o errado.
    Os judeus devem guiar os cegos
    E, para estes, precisam ser o farol na escuridão.
    Devem ensinar aos desconhecedores e iletrados,
    Pois têm em si todo conhecimento e verdade.
    Mas os judeus não vivem pela Lei,
    Precisam ensinar a si mesmos o que ensinam aos outros.

Pregam contra o roubo, ainda assim roubam;
Proíbem adultério, ainda assim o cometem.
Desprezam os ídolos, ainda assim ganham dinheiro fabricando-os;
Falam cheios de si sobre a Lei, ainda assim a quebram
E, com isso, desonram a Ti que deste a Lei.
Conforme a Bíblia ensina: "O nome de Deus é blasfemado entre os gentios por causa de vocês [judeus]".

      Amém.

Todos Estão Perdidos no Pecado

Romanos 3:1-31

Senhor, Paulo perguntou se há vantagem em ser judeu,
 Tem a circuncisão algum significado?
 Paulo responde: "Sim, ser judeu tem muitas vantagens",
Eles receberam Tua mensagem no Antigo Testamento.
Todavia, mesmo quando alguns eram incrédulos,
 A falta de fé não cancelava Tuas promessas.
 Deus, sempre manterás Tua Palavra
 Mesmo quando todos forem incrédulos.
 O livro de Salmos diz: "A Palavra de Deus
 Sempre provará ser correta,
 Não importa quem questiona a Deus".
 Alguns apontam que os pecados dos judeus
 Fazem demonstrares Tua santidade,
 Pois sempre julgas o pecado.
 Os judeus justificam os próprios pecados
 Clamarão: Tu – Deus – és bom
 Quando Te veem castigando os nossos pecados.
 Então, perguntam os judeus: "É justo, nos castigares,
 Quando nossos pecados fazem outros conhecerem a Ti?

Paulo responde: "Esse é um pensamento absurdo,
Isso significa que Deus nunca poderia julgar o pecado
Se Ele não julgasse os judeus rebeldes".
Paulo continua: "Isso é o mesmo que dizer que a minha mentira
Faz Tu mostrares a Tua confiança".
"Quando julgas os pecados dos judeus,
Trazes a glória para Ti."
É o mesmo que dizer: "Nós fazemos maldade
Para trazer o bem".

Senhor, Paulo perguntou outra vez: "Os judeus são melhores que os gentios?"
Ele responde: "Não, os dois estão controlados pelo pecado".
A Bíblia ensina que
Não há pessoas boas neste mundo,
Nem mesmo uma.
Não há ninguém que entenda a Ti
E ninguém que busque a Ti.
Tudo nos distancia de fazer o certo,
Não há pessoas boas neste mundo, nem mesmo uma.
Suas palavras são rebeldes e sujas,
Assim como um sepulcro caiado.
Seus lábios estão tomados pela enganação,
O gosto amargo da maldição enche suas bocas,
As palavras são mortais como o veneno de uma cobra.
São rápidos para dar uma facada pelas costas,
Levando tristeza e brigas por onde forem.
Não sabem nada a respeito de Tua bênção
E não se importam com o que pensas acerca deles.

Senhor, os judeus precisam saber o que diz a Lei,
E obedecerão com responsabilidade ao que dizes.
Portanto, os judeus sentem-se culpados diante de Ti

Quando veem claramente que não estão Lhe obedecendo,
Sabendo, então, que são pecadores.

Senhor, falaste para que toda boca se calasse;
    Agora, todo o mundo sente-se culpado diante de Ti.
    Sendo assim, ninguém pode ser justificado
    Ao guardar a Lei;
    Ao contrário, a Lei nos faz reconhecer nossos pecados.

Senhor, agradeço por Tua justiça se tornar conhecida
    Independentemente de se conhecer a Lei.
    Tornou-se conhecida por meio do Evangelho.
    Agora, há um caminho destinado ao céu para todos os pecadores,
    Tu nos declaras "não culpados",
    Quando confiamos em Deus pela salvação.
    Todos podem ser salvos – judeus e gentios – igualmente,
    Crendo em Jesus Cristo.

Senhor, sei que sou um pecador, porque disseste
    Que todos pecaram
    E foram destituídos dos favores gloriosos.
    Os judeus e gentios são declarados justos
    Por intermédio do Teu dom da graça gratuito.
    Quando são redimidos por Jesus Cristo.

Senhor, enviaste Jesus para sofrer por nossos pecados
    E nos reconciliou contigo.
    Declaraste que os pecados cometidos diante da cruz
    Estão perdoados pelo sangue de Cristo.
    Declarou que todos os pecados cometidos
    Estão perdoados neste instante.
    Dessa forma, conheceram Tua justiça;
    Portanto, Tua ira contra o pecado está justificada,
    E justificas agora o pecador.

Senhor, vejo que não posso me vangloriar de nada
    Que tenha a ver com minha salvação,
    Pois meu perdão não se baseia no que faço,
    Mas naquilo que Cristo fez por mim.
Sendo assim, todos os cristãos estão justificados pela fé
    Sem guardar a Lei.
    Não estás salvando apenas os judeus – não,
    Tu tratas a todos do mesmo jeito,
    Sendo judeus ou gentios.
    Isso não coloca a Lei em dúvida – não!
    Quando nos damos conta de que a salvação é pela fé apenas,
    Isso põe a Lei no seu devido lugar.

                Amém!

Justificação Pela Fé

Romanos 4:1-25

Senhor, Paulo diz que Abraão é o fundador
    Do qual os judeus são descendentes.
    Se ele fosse justificado por fazer algo de bom,
    Ele teria chance para se vangloriar.
    Mas a Escritura diz: "Abraão creu em Deus,
    E isso lhe foi creditado como justiça".
    Quando uma pessoa trabalha, ela tem seus ganhos;
    É dado o que lhe é devido.
    Contudo, quando o homem ganha a salvação gratuita,
    Ele não trabalhou para isso;
    Foi justificado por causa da fé.
Senhor, Davi disse a mesma coisa.
    "O homem é feliz, quando é perdoado

Independentemente das boas obras."
Esse homem é abençoado, porque seus pecados
Não mais estão escritos em Teu livro.
Essa bem-aventurança destina-se apenas aos judeus circuncidados?
Ou os gentios podem ser justificados perante Tua presença?
Olhando o caso de Abraão outra vez, ele foi justificado
Por Ti antes da circuncisão.
Com a circuncisão de Abraão tempos depois,
Foi o sinal da fé que habitava em seu coração.
Sendo assim, Abraão tornou-se o pai espiritual
De todos os cristãos não circuncidados,
Para que fossem justificados por Deus.
Tua promessa a Abraão que ele seria
O pai espiritual de todos os cristãos, de todos os tempos,
baseou-se na fé, não nas obras.
Se os que não forem salvos receberem Teu perdão
Ao obedecer à Lei;
Logo, nossa fé torna-se vazia e sem sentido.
A Lei nos diz que somos castigados por transgredi-la,
Mas Cristo venceu a Lei com Sua morte;
Ele deu uma basta.
Por isso, alcançamos Tuas bênçãos pela fé,
Guardando ou não a Lei.
Tu abençoarás os que pertencem à Lei
Bem como os gentios que não a receberam,
Todos nós chegaremos a Ti pela fé
Achegamo-nos como Abraão, que é o pai de todos nós;
A Escritura nos promete: "Eu o constituí
Pai de muitas nações",
Deus chama à existência coisas que não existem, como se
existissem;

Por exemplo, a salvação dos gentios aconteceu,
Como fosse de costume acontecer.

Senhor, quando disseste a Abraão que ele teria um filho
   E seria o pai de muitas nações,
   Ele creu nas Tuas promessas;
   Com esperança, ele vencia todas as circunstâncias do presente.
   Abraão teve muita fé,
   Mesmo com seu corpo incapaz de reproduzir
   E com 100 anos de idade.
   Além disso, Abraão se deu conta de que Sara era estéril e de idade,
   Mas, não olhou para Tuas promessas com descrença,
   Ficou forte na fé, sim, dando glórias a Ti.
   Abraão se convenceu de que Tu tinhas todo poder
   Para fazer o que havias prometido.
   Por causa da fé de Abraão, Tu perdoaste os pecados
   E o chamaste de justo.

Senhor, sei que esse tipo de fé não foi destinada a Abraão apenas,
   Mas foi a mim também.
   Tu me aceitarás como aceitaste Abraão.
   Creio, sim, em Tuas promessas
   Que assim como trouxeste Jesus dentre os mortos,
   Tu perdoarás todos os meus pecados
   E serei justificado por Ti.

Amém.

Os Frutos da Justificação Pela Fé

Romanos 5:1-21

Senhor, agora que fui justificado em Deus pela fé,
   Posso viver a paz duradoura.

Dada minha fé em Jesus, posso entrar em Tua graça
E me glorio na esperança de Tua glória.
Ademais, posso regozijar em meio ao meu sofrimento,
Sabendo que produzem paciência em minha vida.
E paciência produz perseverança, e quando persevero,
Recebo Tua aprovação e isso me traz esperança.
Minha esperança não me decepciona, pois Tu
Derramaste Teu amor em meu coração
Pelo Espírito Santo que Tu me concedeste.

Senhor, no momento que estive fraco,
   Vi que Cristo morreu pelos pecadores como eu.
   Não acho que alguém morreria pelas pessoas boas,
   Embora isso seja possível,
   Mas Tu demonstraste Teu grande amor por mim,
   Enviando Teu próprio Filho no meu lugar,
   Enquanto eu quem era o pecador.
   Como o sangue de Jesus fez tudo isso por mim,
   Eu serei totalmente justificado.

Senhor, quando a morte de Jesus me reconciliou contigo,
   Eu não estava salvo ainda,
   Era ainda Teu inimigo.
   Agora que fui reconciliado
   Certamente posso confiar em Tuas bênçãos
   Pela vida de Teu Filho que vive em mim.
   Alegro-me com este novo e maravilhoso relacionamento
   Com o Senhor Jesus Cristo
   Firmado naquilo que Ele fez ao me salvar.

Senhor, sei que, quando Adão morreu, o pecado entrou no mundo
   Assim, todos passaram a pecar
   E a morte se espalhou por toda raça humana
   O pecado existia no mundo

Antes de ser dada a Lei.
Ninguém poderia ser acusado por violar a Lei.
Onde não havia lei.
Mesmo assim, todas as pessoas morreram do tempo de Adão até o de Moisés,
Foi o pecado que os levou à morte,
Não foi uma questão de transgressão à Lei.

Senhor, Adão foi o contrário de Cristo;
Assim, o dom de Cristo provocou a queda de Adão.
Por intermédio de um homem – Adão – muitos morreram,
Por intermédio de um homem – Cristo – muitos viveram.
Os frutos do dom de Cristo
Passaram por cima das consequências da queda de Adão.
Pois, depois da queda veio a condenação em forma de julgamento,
E muitos transgrediram por causa da queda,
Mas foi um Homem – Jesus Cristo – que trouxe vida abundante.
Pois, não há dúvida de que a morte reinou
Sobre todos por causa da queda da humanidade.
Porém, mais certo é dizer que a vida reina
Porque um homem – Jesus Cristo – dá
O dom gratuito àqueles que não merecem.
Digo outra vez, o pecado de Adão levou castigo a todos,
Mas Cristo fez o possível para que todos fossem justificados,
Com a desobediência do homem, muitos se transformaram em pecadores;
Com a obediência do homem, muitos serão justificados.

Senhor, a Lei foi dada para mostrar a todos
Quão rápido podemos obedecer a Ti.
Quanto mais vermos nossos pecados e falhas,
Mais perceberemos o quanto Tu tens nos perdoado.
Antes, o pecado reinava sobre todos, levando morte;

Agora, a graça reina para dar vida eterna
A todos que estão em Cristo Jesus nosso Senhor.

Amém.

Libertação do Pecado na Vida do Cristão

Romanos 6:1-23

Senhor, devo eu permanecer no pecado
    Para que Tu possas mostrar a Tua graça?
    De modo algum!
O poder do pecado lançado sobre nós está destruído;
Devo eu permanecer no pecado
Mesmo não havendo necessidade? Outra vez, não!
Quando fui levado a Cristo por meio do batismo Espiritual
Fui levado à Sua morte;
O domínio de minha natureza pecaminosa lançada sobre mim
Foi despedaçada por meio de Sua morte.
Em outras palavras, quando fui batizado em Cristo,
Morri quando Ele morreu.
Quando Cristo ressuscitou dentre os mortos,
Recebi uma nova vida para viver para Ele.
Senhor, fui unido a Cristo na morte.
Por isso, compartilharei da Sua nova vida.
Minha natureza lasciva foi pregada na cruz;
Como um sopro, foi levada com a morte
Para que eu não sirva ao pecado no futuro.
Pois quando morri para o pecado,
Libertei-me de todo pecado lançado sobre mim.
Creio que tendo morrido com Cristo,
Eu agora compartilho a minha nova vida com Ele.

Senhor, uma vez que Cristo ressuscitou dentre os mortos,
   Ele nunca mais morrerá;
   A morte não tem poder algum sobre Ele.
   Cristo morreu uma vez por todos para dar fim ao domínio do pecado;
   Agora, Ele vive no céu contigo.
   Portanto, me vejo como morto para o mundo do pecado,
   Mas vivo para Teu desejo por meio de Jesus Cristo.
   Não permitirei que o pecado domine meu corpo,
   Pois não obedecerei ao desejo pecaminoso.
   Não permitirei que o pecado domine qualquer parte do meu corpo
   Transformado como ferramenta maligna usada para o pecado.
   Entrego-me a Ti, pois és o único vivo dentre os mortos,
    E darei todas as partes do meu corpo a Ti
   Como instrumento de justiça.
   Não permitirei que o pecado me domine,
   Não serei dominado pela Lei, mas, sim, pela graça.

Senhor, poderei continuar a pecar porque
   Não estou debaixo da Lei?
   De modo algum!
   Se eu me entregar ao pecado,
   Eu me tornarei servo daquele que obedecer.
   Não posso ser escravo do pecado e da morte e,
   Ao mesmo tempo, ser servo de Cristo e da vida.
   Senhor, obrigado por eu não ser mais escravo do pecado,
   Mas não sou escravo
   Depois de crer nos Teus princípios com meu coração.
   Estou livre do domínio da minha antiga natureza
   Sou servo da justiça.

Senhor, fui escravo da sujeira e do próprio prazer;
   Agora, sou servo da justiça e da santidade.

Quando fui escravo do pecado
Não me sentia na obrigação de obedecer aos Teus desejos.
Não ganhei nada servindo ao pecado,
E, portanto, me envergonho do que fiz,
Pois todas essas coisas levam à morte.
Mas, agora, fui liberto do pecado,
Tornei-me Teu servo
Serei levado à santidade e vida eterna.
Quando servimos ao pecado, recebemos o salário da morte,
Mas Tu nos deste vida eterna por intermédio de Cristo Jesus, meu Senhor.

      Amém.

A Luta Entre Nossa Antiga e Nova Natureza

Romanos 7:1-25

Senhor, Paulo disse aos irmãos judeus já salvos que
 Uma vez mortos para a Lei,
 Não mais vivem sob o poder dela.
 Uma mulher casada tem obrigações legais
 Com o homem, enquanto ele viver.
 Todas as obrigações chegam ao fim,
 Quando ele morre.
 Mas caso ela se entregue a outro homem
 Estando ele ainda vivo,
 Ela é legalmente uma adúltera.
 Por outro lado, suas obrigações legais cessam,
 Quando o homem falece,
 E ela pode legalmente se casar com outro.

Senhor, Paulo disse o motivo pelo qual os cristãos,
 Que morreram para a Lei na morte de Cristo,

Podem agora se entregar a Ele
Que se levantou dos mortos,
Para Te render frutos.
Mas, quando se entregam à natureza do pecado,
O desejo da cobiça controla seus corpos
Fazendo-os dar frutos à morte.
Mas quando morremos para a luxúria que antes nos dominava
Somos libertos pela Lei,
A fim de que possamos Servir a Ti de uma nova forma,
Não de forma legalista, obedecendo a regras e tradições,
Mas pelo poder da nova vida.

Senhor, Paulo disse-lhes que a Lei não era maligna,
A não ser que ninguém soubesse o que fosse pecado,
A não ser que a Lei não houvesse sido dita a eles.
Eu não saberia que a "cobiça" era algo maligno
Se não fosse a Lei a dizer: "Não cobiçarás".
A Lei confundiu meus desejos maus
Fazendo-me lembrar de que esses desejos eram errôneos.
Isso significa que se não houvesse leis para transgredir,
Não haveria pecado? Não!
Tudo andava bem comigo enquanto eu desconhecia a Lei,
Mas quando aprendi o que ela significava,
Vi que eu era um pecador, entendi que era um escravo fadado a morrer.
A Lei servia para me levar à vida,
Mas, foi ao contrário, ela me levou à morte.
O pecado se aproveitou de mim usando a Lei
Para me dar a sentença de morte.

Senhor, sei que a Lei é santa
E os Dez Mandamentos são benignos e justos.
Isso significa que algo considerado benigno

Foi responsável pela minha morte?
De modo algum!
Porém, o pecado é traiçoeiro e enganador,
Usou algo bom para fins malignos;
Desse modo, o pecado exerce todos seus poderes lascivos sobre mim.

Senhor, sei que a Lei é espiritual,
   Mas não sou espiritual, fui vendido como escravo para pecar.
   Não consigo entender minhas reações mediante as coisas;
   O que esperam que eu faça,
   Eu não faço.
   O que odeio fazer,
   Sempre volto a fazer.
   Quando ajo contra o que desejo fazer,
   Significa que a Lei é benigna.
   Quando me rebelo contra a Lei,
   Não sou eu quem está fazendo isso,
   Mas o pecado que habita em mim.
   Sei que nada de bom mora em mim,
   É minha natureza pecaminosa que controla minha vida.
   Sinto desejo em fazer coisas boas, mas
   Não consigo colocar em prática.
   Quando tento não fazer coisas erradas
   Acabo as fazendo.
   Portanto, quando faço algo que não quero fazer
   Não é o meu verdadeiro "eu" agindo;
   O pecado, contudo, controla a minha vida.

Senhor, descobri uma nova lei em mim,
   Toda vez que quero fazer o bem,
   Faço o errado de forma intencional.
   Amo guardar a Lei de Deus,
   Mas vejo outra lei agindo em mim.

Essa luta contra a lógica da minha mente,
Transformando-me em prisioneiro da Lei,
Trabalhando em meu corpo para me fazer pecar, é a minha velha natureza.
Miserável homem eu que sou!
Quem tem poder para me resgatar da escravidão do pecado?
Obrigado, Senhor, pois Tu me libertarás
Por intermédio de Jesus Cristo, meu Senhor.

Senhor, qual é o resultado de tudo isso?
    Em minha natureza carnal, sou servo do pecado,
    Mas em minha mente, sou Teu servo.

Amém.

O Poder do Espírito Santo no Cristão

Romanos 8:1-39

Senhor, agora não há mais condenação para mim,
    Pois estou em Cristo Jesus.
    O poder de vida do Espírito Santo
    É meu por meio de Cristo Jesus.
    Ele me libertou do ciclo compulsivo
    Do pecado e luxúria da minha antiga natureza.
    Pois a Lei não tinha poder para me ajudar obedecer,
    Porque eu era escravo da minha antiga natureza.
    Mas Tu enviaste Teu Filho em forma humana
    Para ser oferta de sacrifício em nome do meu pecado
    Para destruir o domínio do pecado sobre mim.
    Agora, posso obedecer às Tuas Leis,
    Seguindo a direção do Espírito Santo
    E rejeitando o desejo da minha antiga natureza.

Senhor, os que estão sob o domínio da natureza do pecado
    Escolhem pecar,
    Mas estou sob domínio do Espírito Santo,
    Pois escolho fazer
    O que Ele deseja para mim.
    Se eu seguir as ordens da minha velha natureza,
    Serei levado à morte.
    Quando obedeço ao Espírito Santo,
    Ele me leva à vida e paz.
    Sendo assim, quando obedeço apenas à minha velha natureza,
    Torno-me Teu inimigo.
    Minha velha natureza nunca foi Tua amiga,
    E não posso fazê-la obedecer-Te.
    Aqueles que agradam somente à própria velha natureza,
    Nunca Te agradam.

Senhor, não estou interessado em agradar à velha natureza,
    Estou interessado nas coisas espirituais,
    Porque o Espírito Santo habita em minha vida.
    E eu sei que sou Teu filho,
    Porque o Espírito Santo está em mim.

Senhor, mesmo quando meu corpo estiver morto por causa do pecado,
    Meu espírito estiver vivo, pois fui justificado,
    E o Espírito Santo, que ressuscitou Jesus dentre os mortos,
    Viver em mim para me dar vida,
    Mesmo depois que este corpo estiver morto,
    Viverei de novo pelo mesmo Espírito Santo
    Que vive em mim.

Senhor, sei que, para mim, não vale a pena
    Obedecer ao desejo da minha velha natureza.
    Se eu morresse fisicamente obedecendo à minha velha natureza,
    Eu seria condenado à morte.

Mas o Teu Espírito Santo tem poder para eliminar meus pecados
Pelo Seu poder que habita em mim.
Serei, então, guiado pelo Espírito de Deus,
Serei Teu filho.

Senhor, não sou apenas um escravo com medo
    De quebrar leis ou de desagradar a Ti,
    Mas recebi o Espírito Santo, que me fez Teu filho;
    Por isso, clamo a Ti: "Pai, Paizinho".
    O Espírito Santo sempre diz ao meu espírito
    Que sou Teu filho;
    Agora, se sou Teu filho, também sou herdeiro,
    Teu herdeiro e coerdeiro com Cristo.
    Por sofrer como cristão,
    Também participarei da glória dele no céu.

Senhor, meus sofrimentos atuais não são nada
    Quando comparados com a glória
    Que está sendo preparada para mim no céu.
    Na verdade, toda a Criação geme
    À espera da glorificação de Teus filhos,
    Pois a Criação perderá os próprios espinhos, os cardos
    E a maldição que Tu lançaste sobre ela,
    Quando enviares Jesus no fim dos tempos.
    A Criação será liberta da corrupção
    Para desfrutar a mesma redenção magnífica
    Que Tu dás a todos Teus filhos.
    Desde o início até os dias de hoje, animais e plantas gemem
    À espera de serem resgatados da escravidão da decadência
    Para desfrutar a mesma redenção como Teus filhos.
    Também gemo enquanto espero meu corpo ser transformado,
    Pois este é o desejo do meu coração.
    Ao confiar em Ti, aguardo ansioso para receber um novo corpo;

Aqueles que já estão no céu não precisam aguardar,
Já receberam a recompensa.
Permaneço aguardando por algo que ainda não tenho,
Mas espero com paciência e confiança.

Senhor, obrigado pelo socorro do Espírito Santo
Que vem para me ajudar em minha fraqueza.
Não sei como devo orar
Mas o Espírito Santo intercede por mim,
Ora com palavras que eu não consigo entender ou expressar.
O que o Santo Espírito pede por mim
Está em concordância contigo, meu Pai Celestial.
Portanto, as coisas que vão acontecer comigo
São para o meu bem, pois Ele pede por mim.
Pois antes de me conhecer, Tu havias me predestinado
Para tornar-me semelhante à imagem de Teu Filho,
Pois Teu Filho será o primogênito entre tanto outros.

Senhor, Tu me predestinaste e me chamaste,
   Pois me chamaste, também me justificaste,
   E aqueles que foram justificados por Ti, Tu glorificarás.

Senhor, como poderei agir segundo Teu grande plano?
   Se Tu és por mim, quem será contra mim?
   Vendo que Tu não escondeste Teu único Filho,
   Mas deste Ele a todos nós,
   Sei que Tu nos darás livremente todas as coisas.
   Quem pode intentar acusação contra os Teus filhos?
   Tu já me justificaste, quem pode me condenar?
   Jesus Cristo que morreu por mim e ressuscitou
   Está a Tua destra para interceder por mim.
   Quem pode me separar do Teu amor?
   Nem problemas, dificuldades ou perseguidores,
   Fome, nudez ou perigo.

A Escritura nos diz: "Devo estar pronto
Para morrer a qualquer momento, eu sou como ovelhas
Que aguardam o abate".

Tudo isso são provações sobre as quais devo triunfar
Pelo poder de Cristo que me ama
E morreu por mim.

Senhor, tenho certeza de que nada pode me separar
Do Teu amor por mim.
A morte não pode me separar de Ti,
Nem os anjos,
Nem o poder satânico do inferno,
Nem o presente ou que está por vir.
Nada pode me separar do Teu amor,
Nem a altura, nem profundidade, nem qualquer outra criatura,
Porque eu estou seguro em Cristo, meu Senhor Jesus.

Amém.

Descrença Entre Alguns Judeus

Romanos 9:1-33

Senhor, a consciência de Paulo o fez dizer a todos que desejava profundamente que seus parentes judeus pudessem ser salvos. Ele estava disposto a ser separado de Cristo para a salvação deles. Paulo tinha profunda tristeza e angústia espiritual porque o povo judeu havia rejeitado a Cristo.

Senhor, dá-me um fardo em nome da salvação dos meus parentes e amigos perdidos, assim como Paulo recebeu em nome dos judeus que representaram a carne e sangue desse homem.

Senhor, o povo judeu foi adotado por Ti, recebeu Tua aliança e a Tua
glória os visitou. Tu lhes deste a Lei e os princípios de como Lhe
adorar. Tinham tudo, mas rejeitaram a Ti.
Senhor, o povo judeu é descendente do patriarca, e Cristo veio de sua
carne e sangue. Acima de todos, Cristo é o Único a quem devem
culto, Ele é o Único a quem devem bendizer.
Senhor, isso significa que Tu não cumpriste Tuas promessas já que os
judeus se recusaram a reconhecer a Cristo? De maneira alguma!
Nem todos os judeus de nascimento são espirituais e nem todos
os descendentes de Abraão têm a fé de Abraão. Prometeste que,
por meio de Isaque, se realizariam as promessas espirituais, o que
significa que outros filhos de Abraão não conseguiram o privilégio
de pertencer à linhagem de Cristo. Isso não significa que todos os
filhos de nascimento de Abraão são descendentes espirituais dele,
somente aqueles que são os filhos da promessa.

Senhor, creio que Tuas promessas a Abraão se aplicam a mim,
Tenho vivido as promessas que fizeste.
Reconheci que Jesus é o Messias, o Filho de Deus,
Recebi-O pela fé e estou salvo.

Senhor, Paulo falou da Tua promessa: "Eu vou visitá-lo e Sara terá um
filho". Então, depois prometeste a Rebeca que, quando estivesse
grávida de Isaque, antes de seus filhos gêmeos nascerem e antes de
qualquer um deles fazer o bem ou o mal: "O mais velho servirá ao
mais moço". Tu escolheste Jacó antes de ele nascer, pois Tua escolha
é livre e não depende de mérito humano. Diz a Bíblia: "Eu amo Jacó,
porque ele é o filho da promessa". Será que isso Te torna injusto?
Não! Lembra-se do que Tu disseste a Moisés: "Terei misericórdia de
quem eu quiser, e terei compaixão de quem eu quiser".

Senhor, eu sei que a única coisa que conta é a Tua misericórdia, não o
que as pessoas desejam ou tentam fazer. Sou salvo por Tua graça.

Senhor, obrigado por ter misericórdia de mim.
   Eu não merecia a salvação e a vida eterna,
   Mas me salvaste por Tua graça,
   E fez-me um membro de Tua família.

Senhor, Tu disseste a faraó: "Para isto te levantei, para que eu possa mostrar o meu grande poder e que meu nome seja conhecido em todo o mundo". Portanto, Deus mostra misericórdia, quando Ele quer mostrar misericórdia e endurece aqueles que Ele quer endurecer.

Senhor, obrigado por enviar o Espírito Santo
Para amolecer o meu coração para as coisas espirituais.
Obrigado por abrir meus olhos já cegos
E por criar em mim o desejo de conhecer a Ti.

Senhor, muitos se perguntam: "Como podes Tu nunca castigar ninguém, já que ninguém pode rejeitar a Tua vontade?" Contudo, Tu lhes respondes: Que direito tem qualquer humano a questionar-me?" Tu criaste todos nós. "O vaso não tem direito de questionar o oleiro: 'Por que me fizeste desta forma?'" Cada oleiro – ou artesão – pode fazer o que quiser com o barro. Ele decide se um pedaço de barro deve ser usado para um vaso seja ele extraordinário ou comum.

Senhor, eu Te agradeço por me fazer quem eu sou,
E obrigado por meus dons especiais.
Ajuda-me glorificar a Ti por meio do meu chamado único e especial
E ajuda-me cumprir o Teu propósito na minha vida.

Senhor, tens todo direito de mostrar Tua ira, a qualquer momento contra aqueles que se rebelam contra Ti, mesmo sendo paciente com eles a princípio. Toleras os rebeldes a fim de que possas mostrar Tua misericórdia e riqueza da graça.

Senhor, Tu és paciente conosco, tanto judeus e gentios, em revelar Tua graça e bondade para conosco. Disseste na Escritura: "Chamarei 'meu povo' a quem não é meu povo; e chamarei 'minha amada' a nação que eu não amava". Eles serão chamados filhos do Deus vivo.

Senhor, Tu disseste: "Embora o número dos israelitas seja como a areia do mar, apenas o remanescente será salvo. Pois o Senhor executará na terra a sua sentença, rápida e definitivamente". A Escritura diz, pois "Se Tu – o Senhor Todo-poderoso – não mostrares Tua misericórdia, todos os judeus serão destruídos, assim como destruíste Sodoma e Gomorra".

Senhor, então os gentios, que não buscavam a justiça, a obtiveram, descobriram que Tua justiça vinha pela fé. Os judeus, que estavam tentando encontrar Tua justiça guardando a Lei, não a alcançaram. Por quê? Porque ficaram no legalismo e não na fé. Em outras palavras, tropeçaram na Lei e ela tornou-se uma pedra de tropeço para eles. Diz a Bíblia: "Eis que ponho em Sião uma pedra de tropeço e uma rocha que faz cair; e aquele que nela confia jamais será envergonhado".

Amém.

Salvação É Para Todos

Romanos 10:1-21

Senhor, Paulo disse aos romanos que desejava de coração que os judeus fossem salvos. Paulo testemunha que eles têm por Ti um grande cuidado, que acabou caindo num zelo equivocado. Esse sentimento se baseia em conhecimentos errôneos. Nunca se atentaram às Tuas ordens acerca da perfeita justiça, tentavam sempre manter a Lei para demonstrar a sua própria justiça.

Portanto, todos os judeus, assim como os gentios, não são
perfeitos, mas pecadores aos Teus olhos.

Senhor, quando recebi a Cristo como meu Salvador,
   O fim da minha luta chegou
   Tornei-me justo e guardei a Tua Lei.

Moisés escreveu que se alguém guardasse a Lei perfeitamente,
E se mantivesse firme na tentação,
E nunca quebrasse uma lei,
Seria salvo e apareceria diante de Deus,
Eu nunca, portanto, cheguei a esse nível.
Encontrei a salvação sem precisar procurar o céu
Para fazê-Lo aparecer a mim,
Nem desci à morte para encontrar Jesus
E ressuscitá-Lo dentre os mortos
Para me dar a vida eterna.

Fui salvo por confiar em Cristo,
Ele está ao alcance de qualquer um que O procurar
Todos podem obter a salvação,
É tão fácil quanto abrir a boca e chamar por Ele,
E abrir o coração para Ti.
A salvação é obtida pela Palavra da fé,
Que recebi quando passei a crer;
Aconteceu quando confessei com a minha boca
Que Jesus é o Senhor,
E cri de coração que Tu O ressuscitaste dentre os mortos;
Fui salvo!
Pois com o meu coração, acreditei na justiça,
E, com minha boca,
A confissão me levou à salvação.

A Bíblia promete que, quando passamos a crer em Jesus,
Não nos decepcionamos
E isso é verdade, certamente.

Senhor, Paulo disse que os judeus e gentios são os mesmos, todos devem Te invocar para receber a salvação; Tu és o mesmo Senhor que dá generosamente aos que Te invocam. Paulo citou o Antigo Testamento: "Aquele que invocar o Senhor será salvo".

Senhor, Paulo pensou: "Como, pois, invocarão aquele em quem não creram? E como crerão naquele de quem não ouviram falar? E como ouvirão, se não houver quem pregue?". Paulo cita o Antigo Testamento para comprovar sua opinião: "Como são belos os pés dos que anunciam boas-novas!".

Senhor, Paulo estava preocupado, porque nem todo mundo estava dando valor ao Evangelho. Ele citou Isaías: "Senhor, quem vai acreditar?". Em seguida, Paulo concluiu, a fé vem pelo ouvir o Evangelho – a boa-nova da morte, sepultamento e ressurreição de Jesus.

Senhor, Paulo estava preocupado com a salvação dos judeus; eles ouvem Tua Palavra – sim – é pregada em todos os lugares que os judeus vivem. Paulo perguntou: "Eles entendem?". Mesmo no tempo de Moisés, Deus dizia aos Judeus: "Usarei uma nação – os gentios – que é desprovida de discernimento espiritual para fazerem vocês tomarem uma atitude". Israel, por sua vez, se recusava a pregar aos não judeus, Tu falaste a eles: "Serei achado por aqueles que não me procurarão".

Senhor, mesmo vendo os gentios alcançando a salvação, Tu ainda estende as mãos para os judeus – povo desobediente – que se recusam a se achegar a Ti.

Amém.

A Misericórdia de Deus Para Com os Judeus
Romanos 11:1-36

Senhor, Paulo perguntou: "Será que Deus rejeitou o Seu povo?".
De maneira nenhuma! Paulo era judeu, israelita, descendente
de Abraão, da tribo de Benjamim. Não, é impensável que Deus
tenha repudiado Seu povo tão especial, a quem Ele escolheu
inicialmente. Lembra-Te do que Elias disse nas Escrituras ao
interceder a Ti por Israel: "Senhor, mataram os teus profetas
e derrubaram os teus altares; sou o único que sobrou, e agora
estão procurando matar-me". Tu respondeste: "Não, você não é
o único, tenho 7.000 que não dobraram seus joelhos diante de
Baal".

Senhor, da mesma forma, houve um remanescente escolhido pela
graça na época de Paulo. Enfim, não era o legalismo dos judeus,
mas Tua bondade que os fez seguir-Te. Pois se Tu os reconhecesses
pelas boas obras, Tua graça não seria mais graça.

Senhor, Paulo chegou à seguinte conclusão: a maioria dos judeus não
foram salvos – poucos encontraram a salvação – enquanto o resto
é declaradamente cego, por isso não entendem o Evangelho. Diz a
Escritura: "Deus lhes [a Israel] deu um espírito de atordoamento,
olhos para não ver e ouvidos para não ouvir, até o dia de hoje".
Davi disse: "O alimento que Deus lhes ofereceu tornou-se uma
armadilha, para que pensem que tudo está bem entre eles e Deus.
Faça que seus olhos tornem-se cegos para a bondade de Deus e se
curvem diante do pecado".

Senhor, percebo que os judeus perderam os privilégios divinos,
Porque pecaram e rejeitaram o Teu plano destinado a eles.
Que eu possa seguir de perto a Tua direção na minha vida
E que eu possa ficar perto de Tua graça protetora.

Senhor, Paulo fez uma pergunta simples: "Os judeus perderam de vez qualquer esperança de recuperação? Ou só tropeçaram temporariamente?" Teu propósito era que a salvação fosse para todos os gentios, e depois os judeus ficassem com ciúmes e acabassem querendo a salvação para eles também. Se todos se enriquecerem de Tua bênção, só porque os judeus tropeçaram, pensa como será a Tua bênção quando os judeus voltarem para Ti e se juntarem aos gentios em Cristo.

Senhor, Tu tinhas uma mensagem especial para os gentios, e Paulo sempre dizia isso aos judeus, só para fazê-los querer o que os gentios tinham, e foi assim que alguns judeus foram salvos. Pois se a rejeição deles significa a reconciliação do mundo contigo, mais maravilhoso será o retorno de Israel a Ti e a Cristo. Será como se a nação judaica ressuscitasse dentre os mortos. Se a farinha é boa, logo o pão será bom, e se a raiz de uma árvore é boa, significa que vai dar bons frutos. Já que Abraão – a raiz original – era bom, logo a nação de Israel será filhos de Abraão na fé.

Senhor, Paulo percebeu que os ramos da oliveira chamada Israel foram cortados, e os gentios – como ramos de oliveira selvagem – foram enxertados em sua própria árvore. Os gentios agora regozijam com as bênçãos trazidas pela Tua árvore da vida. Os gentios, entretanto, não devem se ver como superiores, pois os ramos não sustentam a raiz, mas a raiz que sustenta os ramos. Os ramos – Israel – foram cortados por causa da própria incredulidade.

Senhor, Paulo adverte os gentios para não se gloriarem com ar de superioridade sobre Israel, só porque substituíram os ramos que foram quebrados. Os gentios são importantes porque fazem parte dos Teus planos, eles são ramos, não raízes. Talvez, os gentios digam: "Esses ramos foram quebrados para que eu pudesse ser enxertado", e isso é verdade. Israel foi cortado por causa da incredulidade. Mas esse fato não deve ser motivo de orgulho para os gentios, mas sim motivo de temor. Se Tu não poupares os ramos naturais – os judeus – não pouparás quando os gentios Te rejeitarem. Não vou esquecer, Tu podes ser severo bem como bondoso. Para aqueles que Te rejeitam, Tu és severo e para aqueles que temem a Ti, és bondoso, pois os judeus podem se arrepender da própria incredulidade e ser de novo enxertados onde os gentios estão.

Senhor, Tu podes enxertar Teu povo – os judeus – outra vez. Pois se Teu grande poder enxertou os ramos de oliveira selvagem em Teu plano eterno, logo será muito mais fácil enxertar um ramo de oliveira cultivada em seu lugar original.

Senhor, quando vejo Teu amor original por Israel,
Entendo Teu plano destinado ao Teu povo,
Não Te esqueças que nós somos gentios
E lembra-Te de mim, porque eu Te amo.

Senhor, Paulo queria que os seus leitores soubessem do mistério em torno do Senhor e Israel, mas que não se tornassem presunçosos. Israel está, nos dias de hoje, espiritualmente cego, mas isso vai durar até chegar a plenitude dos gentios. Então, todo o Israel será salvo, como está escrito: "Virá de Sião o Redentor, Ele tirará os judeus da impiedade e removerá os seus pecados".

Senhor, espero ansioso que todo o Israel seja salvo,
Não sei quando, onde ou como isso vai acontecer,
Mas creio que Tu cumprirás Tua promessa com os judeus;
Lembra-Te de mim em todos Teus planos para este universo.

Senhor, os judeus são, nos dias de hoje, inimigos do Evangelho, mas são amados tanto quanto diz a Tua aliança eterna, pois Tu não retiras os dons e o chamado. Lembra-Te, os gentios antes eram rebeldes, mas quando os judeus rejeitaram Jesus Cristo,

Tu foste misericordioso para com os gentios e, no futuro, serás
misericordioso para com os judeus. Pois desististe de todos
aqueles que vivem no pecado, mas terás também misericórdia de
qualquer um que Tu escolhas exercer a misericórdia.

Senhor, como são ricas as profundezas do Teu mistério,
    Quão profundas são a Tua sabedoria e conhecimento.
    Não é possível sondar Teus juízos
    Não entendo tudo o que fazes.
    Quem ousaria conhecer a Tua mente?
    Quem ousaria dizer o que deves fazer?
    Quem poderia dar-Te alguma coisa?
    Ninguém, porque Tu és o Deus Supremo.
    Tudo o que existe vem de Ti, e é para Ti;
    A Ti seja a glória para todo sempre.

Amém.

Sacrifício Vivo Para Servir a Deus

Romanos 12:1-21

Senhor, dedicarei meu corpo a Ti,
    Assim como Paulo pediu a todos os cristãos a fazer.
    Por causa da Tua misericórdia, me ofereço
    Como sacrifício vivo, santo e agradável a Ti;
    Está é a primeira e mais espiritual adoração a Ti.
    Não me conformarei
    Com os princípios deste mundo.
    Mas deixarei meu pensamento ser transformado
    Pelo poder do Espírito Santo.
    E, assim, conhecerei o Teu desejo para minha vida,
    Que Te glorificará e saciará os meus desejos.

Senhor, por receber a graça de Ti,
    Não me valorizarei ou me acharei mais importante.
    De verdade, elevarei os dons que Tu me deste
    Segundo os princípios da fé que Tu me deste.
    Assim como o corpo possui vários membros,
    E cada membro tem a sua devida função,
    Eu sou, portanto, um membro do corpo de Cristo
    Que coopera para a união harmoniosa com todos outros cristãos
    Pois pertencemos uns aos outros.
    Meus dons espirituais se diferem de outros cristãos;
    Faço parte do corpo, por exemplo, de outros cristãos
    E preciso de todos eles para me ajudar a Te servir.

Senhor, Tu deste a cada um de nós um dom espiritual;
    É a habilidade para fazer bem certas coisas.
    Os que têm o dom da profecia, por exemplo, que falam por Ti,
    Devem usar o próprio dom segundo a fé.
    Os que têm o dom de ajudar os semelhantes devem servir bem as pessoas,
    Os que têm o dom do ensino devem ensinar bem.
    Os que têm o dom de pregar
    Devem levar a palavra com eficácia.
    Os que recebem dinheiro
    Devem usá-lo com zelo para os projetos espirituais.
    Os que têm o dom da administração
    Devem gerenciar tudo para Tua glória.
    E, por fim, façamos com que aqueles que tiverem o dom da fraternidade
    Mostrem compaixão e amor pelos necessitados.

Senhor, amarei a todos da forma que Tu me amaste,
    Não fingirei amar as pessoas se não for de verdade.
    Buscarei as boas coisas da vida,

E me afastarei das coisas malignas.
Amarei os semelhantes como Teus filhos devem ser amados
Respeitá-los-ei profundamente.
Servirei a Ti por livre e espontânea vontade
E sentirei prazer em tudo que eu fizer.
Com alegria, aceitarei todos os Teus planos para mim
Serei paciente na tribulação,
Mas sempre orando para fazer o Teu desejo.

Senhor, quanto Teus santos estiverem em necessidade,
    Dividirei com eles tudo o que eu tiver
    E abrirei as portas da minha casa.

Senhor, sempre abençoarei os que me perseguirem
    E nunca os amaldiçoarei.
    Ficarei feliz com a felicidade dos outros,
    Demonstrarei amor para com os que estiverem tristes.
    Tratarei a todos com o mesmo carinho
    Não deixarei de andar com os mais pobres.
    Não ficarei satisfeito.
    Mostrarei Cristo ao mundo.

Senhor, nunca pagarei a maldade com a maldade,
    Quero que todos vejam a minha integridade.
    Tentarei conviver bem com todos
    Ficando em paz com cada um.
    Não tentarei fazer o mesmo quando alguém errar comigo,
    Deixarei a vingança contigo.

Pois está escrito: "Minha é a vingança;
    Eu retribuirei", diz o Senhor.
    A Bíblia diz também: "Se o seu inimigo tiver fome, dê-lhe de comer; se tiver sede, dê-lhe de beber.

Fazendo isso, você amontoará brasas vivas sobre sua cabeça".
Resistirei ao inimigo e vencerei fazendo o bem.

Amém.

Respeite o Governo

Romanos 13:1-14

Senhor, me sujeitarei às autoridades governamentais,
    Pois Tu os colocaste naquela função
    E toda autoridade civil vem de Ti.
Os que se rebelarem contra as leis de seu país
    Rebelam-se contra Tua autoridade dada a eles
    E Tu trarás aos rebeldes o castigo.
Os que andarem segundo os Teus mandamentos
    Não precisa temer os julgamentos,
    Só os criminosos têm tudo a temer.
Viverei de forma honesta e correta
    Não temerei a punição.
Tu criaste o governo para servir os cidadãos
    E para vingar dos criminosos no Teu lugar,
    Punindo-os quando transgredirem a Lei.
Obedecerei às leis por questão de consciência,
    Mas também porque temo a punição.
É por isso que pagarei meus impostos,
    Pois todos os governantes são Teus servos.
Pagarei a todos os que devo,
    Se eu dever o imposto, eu pagarei.
Quando tiver de respeitar os governantes
    Eu os respeitarei e os honrarei.
Farei o possível para não dever nada,
    A não ser o amor de um pelo outro;
    Quando amo os meus semelhantes, cumpro com minha dívida.

Senhor, todos os mandamentos tais como: "Não adulterarás", "não matarás", "não furtarás", "não cobiçarás", e qualquer outro mandamento, todos se resumem neste preceito: "Ame o seu próximo como a si mesmo". O amor é o único ato que não machucará meu próximo, é a única lei de que preciso.

Senhor, chegou a hora de acordar
    Pois a volta do Senhor Jesus está mais próxima
    De quando fui salvo.
    A noite está quase acabando
    Falta pouco para o dia clarear.
    Vou me arrepender de minhas obras
    Feitas nas trevas,
    E vestirei a armadura da luz.
    Vou me comportar com decência, pois eu vivo na luz,
    Não participarei de orgias, nem de bebedeiras, nem cometerei adultérios, nem entrarei em brigas.

Senhor, quero que Tu me ajudes a viver como deve ser,
    Não planejarei fazer nada de mal.

Amém.

Abordando Assuntos Questionáveis

Romanos 14:1-23

Senhor, receberei de forma calorosa
    Todos os que são fracos na fé.
    Percebi que existem níveis de obediência para o cristão
    Porém, não discutirei sobre nenhum deles,
    Se as pessoas comem ou não carnes oferecidas aos ídolos.
    Alguns creem que comer carne oferecida aos ídolos não há problema,

Outros que são fracos na fé pensam ser errado,
E, então, não comem carne alguma, só verduras.
Os que pensam não haver problema em comer carne
Não devem olhar com desdém para os que não comem.
Os que não comem
Não devem procurar defeitos nas pessoas que comem.
Tu aceitaste todos os cristãos como Teus filhos,
São Teus servos sob domínio.
Todos devem Te agradar,
Eles não respondem um pelos outros,
Desejo que Tu lhes digas o que é certo e errado,
Tu tens o poder para fortalecê-los.
Alguns tratam certos dias de forma mais santa do que os outros,
Outros tratam todos os dias do mesmo jeito,
Cada cristão está livre para ter suas próprias convicções.
Aqueles que consideram alguns dias como especiais,
Que assim o façam para Te honrar.
Aquele que come carne
Que assim o faça para Te honrar,
Se ele primeiro Te agradecer.
Aquele que não come carne,
Também está Te honrando,
Se primeiro Te agradecer.

Eu não sou meu próprio chefe
   Para fazer tudo que me agrada.
   Quando vivi, vivo para Ti
   Quando morro, volto a viver contigo,
   Morto ou vivo, pertenço a Ti.
   Cristo morreu e ressuscitou,
Para ser o Senhor dos vivos e dos mortos.
   Por isso não julgarei ninguém,

    Como alguns têm feito,
    Pois todos nós compareceremos diante do tribunal de Deus.
Por causa disso, me dei conta de que cada um de nós
    Precisa dar conta de si a Ti.
    Pois está escrito: "'diante de mim todo joelho se dobrará e toda língua confessará que sou Deus'".
    É por isso que devemos prestar contas de nós mesmos a Ti.
Senhor, não julgarei outros irmãos da fé,
    Sendo assim, decidi
    Nunca fazer meu irmão cair.
    Sei que nenhum alimento é ruim para se comer,
    Pois Jesus disse: "Nenhum alimento é por si mesmo impuro".
    Se alguns pensam que certo alimento é impuro,
    Logo, o será para eles.
    Se a comida que você como entristece outros cristãos,
    Terei que agir com amor.
    Não comerei o que eu escolher
    Se isso significar a queda de um cristão
    Por quem Cristo morreu.
Senhor, não ostentarei meus privilégios espirituais,
    Que machuquem meu outro irmão em Cristo.
    Pois Teu Reino não se resume em comida ou bebida,
    Mas sim em retidão, paz e alegria no Espírito santo.
Senhor, servirei a Cristo respeitando
    Tanto os que comem quanto os que se abstêm.
    Assim, Te agradarei e serei respeitado pelos outros.
    Abraçarei qualquer costume que me conduza à paz
    E ao respeito mútuo por todos os cristãos.
    Não destruirei Tua obra na vida dos meus irmãos
    Por causa da comida e da bebida.

Pois todo alimento é puro,
Torna-se mal quando comemos para fazer alguém cair.
Logo, o melhor caminho é abster-se de carne e vinho,
Assim, não levarei nenhum cristão ao erro e nem o enfraquecerei.

Senhor, estarei firmado em minhas convicções,
    Que permanecerão entre mim e Ti.
    Serei zeloso ao tomar as decisões,
    Para não ir de encontro à minha consciência.
    Porém, qualquer um que tiver dúvidas e comer assim mesmo
    Está condenado, pois está violando a própria consciência.
    Tudo que viola minha fé
    É pecado.

                Amém.

O Relacionamento do Cristão Com os Demais

Romanos 15:1-33

Senhor, eu creio que sou um forte cristão,
    Por isso, tenho o dever de suportar as fraquezas
    Dos fracos cristãos, senão eles caem.
    Serei atencioso com os outros
    E os ajudarei a se tornarem cristãos mais fortes.
    Cristo não pensou só nele,
    Cristo veio para sofrer as ofensas
    Dos que são contra Ti.
    Aprendo, sim, com tudo que está escrito na Bíblia,
    Pois é nela que há esperança e exemplo de como devemos viver.

Senhor, ajuda-me a continuar a Te servir de diferentes formas;
    Recuso-me a desistir.
    Ajuda-me a tolerar os demais cristãos

Seguindo o exemplo de Cristo
Quer nunca deixou de fazer o bem.
Que eu possa ter um pensamento e uma voz
Para glorificar o Senhor Jesus Cristo,
E Te louvar, o nosso Deus e Pai.

Senhor, ajuda-me a Te glorificar tratando o meu próximo
    Da mesma forma que Cristo tratava as pessoas.
    Ele tornou-Se servo dos judeus circuncidados,
    Para que Tu realizasses as promessas
    feitas aos patriarcas.
    Além disso, era promessa levar a salvação aos gentios,
    Para que Tu fosses glorificado.
    Diz a Bíblia:
    "Alegrai-vos, gentios, com o seu povo.
    Louvai ao Senhor, todos os gentios,
    E celebrai-o todos os povos".
    E outra vez disse Isaías:
    Uma raiz em Jessé haverá,
    E naquele que se levantar para reger os gentios,
    Os gentios esperarão.

Senhor, que Tua esperança dê-me força e paz,
    Para que o Espírito Santo abunde em mim
    Retirando todas as barreiras que me prendem.

Senhor, Paulo disse a todos que ele estava certo de que nós temos o caráter e a experiência de um verdadeiro cristão, e que podemos ajudar uns ao outros a permanecer no caminho reto e estreito. Mesmo assim, Paulo escreveu com franqueza, lembrando a todos para obedecerem às verdades que já conhecem.

Senhor, Paulo lembrou aos leitores que havia recebido de Ti a missão de ser um ministro para os gentios. Isso deu a Paulo o dever sacerdotal de proclamar o Teu Evangelho, assim Te agradando quando os gentios fossem apresentados como uma oferta de cheiro suave a Ti.

Senhor, Paulo disse que tinha o direito de se orgulhar por ter levado a mensagem de Jesus Cristo. Ele não sabe o quanto abençoadas foram as pessoas e diz assim: "Cristo realizou por meu intermédio em palavra e em ação, a fim de levar os gentios a obedecerem a Deus: pelo poder de sinais e maravilhas e por meio do poder do Espírito de Deus". Paulo fala, com toda força, em pregar as boas-novas de Jerusalém até o Ilírico.

Senhor, Paulo disse que a regra era não pregar em lugares onde o nome de Cristo fosse conhecido; caso contrário, ele estaria edificando algo já edificado. O principal propósito de Paulo era cumprir a Palavra de Deus: "Hão de vê-lo aqueles que não tinham ouvido falar dele, e o entenderão aqueles que não o haviam escutado".

Senhor, Paulo explicou por que foi impedido de ir a Roma. Mas já que ele não era mais necessário na Grécia e queria ver os cristãos de Roma, ele planejou vê-los quando estivesse a caminho da Espanha. Ele queria muito passar algum tempo com eles e pedi-los ajuda para sua viagem.

Senhor, Paulo disse que o próximo lugar onde tomaria conta dos cristãos seria Jerusalém. Ele levou dinheiro, que conseguiu na Macedônia e Acaia, aos cristãos necessitados de lá. Os cristãos gentios, que levantaram uma oferta de amor, deviam isso ao povo de Jerusalém por enviar o Evangelho ao povo da Grécia. Os gentios antes haviam recebido ajuda dos judeus, é mais do que certo que os gentios agora ajudem os judeus dando coisas materiais.

Senhor, Paulo falou que os visitaria quando as bênçãos fossem entregues a Jerusalém. E, assim, os visitaria de passagem quando ele estivesse a caminho da Espanha.

Senhor, ajuda-me a ser generoso com todos os cristãos necessitados,
Assim como os cristãos da Grécia foram com os de Jerusalém.
Ajuda-me a seguir o exemplo de Cristo,
Que desistiu de tudo em nome dos mais necessitados.

Senhor, Paulo pediu aos leitores que se unissem a ele em oração contrita, para que não caísse nas mãos dos judeus descrentes de Jerusalém, e que os cristãos de Jerusalém recebessem a sua bênção destinada a eles. Ele fez esses pedidos em nome do Senhor Jesus Cristo e por amor que eles têm uns pelos outros no Espírito.

Senhor, peço pela minha vida o que Paulo pediu, que "o Deus da paz seja comigo, Amém!"

Saudações aos Amigos de Paulo

Romanos 16:1-27

Senhor, Paulo recomendou Febe, que estava indo visitar a igreja de Roma. Ela trabalhava de forma dedicada na igreja de Cencreia, Grécia. Paulo pediu às pessoas para que a recebessem como irmã no Senhor e ajudá-la, pois ela havia ajudado a muitos, até Paulo.

Paulo saudou Priscila e Áquila, que foram colaboradores dele; na verdade, elas arriscaram a própria vida por ele. Não somente Paulo é grato a elas, diz ele que todas as igrejas gentias lhes agradecem. Ele também saúda a todos que adoram dentro de seus lares

Paulo manda saudações a Epêneto, este se tornou cristão em Acaia.
Depois, Paulo saúda Maria e, em seguida, Andrônico e Júnias,
seus parentes que estiveram na prisão com ele. São respeitados
pelos apóstolos e foram salvos antes da conversão de Paulo.

À frente, Paulo saúda Amplíato, Urbano e Estáquis. Após isso, saúda
Apeles, que é aprovado por Cristo, e os que trabalham na casa de
Aristóbulo. Paulo mande saudações a Herodião, seu parente, e aos
servos da casa de Narciso. Também saúda Trifena e Trifosa que
trabalham no Senhor e, também, a Pérside.

Paulo manda saudações a Rufo, escolhido pelo Senhor, e sua mãe, que
foi também uma mãe para Paulo. Ele saúda Asíncrito, Flegonte,
Hermes, Pátrobas e outros cristãos que vivem com eles. Paulo
manda saudações a Filólogo, Júlia, Nereu e sua irmã, também
Olimpas e todos os cristãos que vivem com eles.

Paulo recomenda-lhes para saudar uns aos outros de forma
calorosa, pois todas as igrejas junto com Paulo enviam-lhes
saudações.

Senhor, estarei vigilante se alguém
    Estiver causando divisão na igreja,
    E me afastarei deles de todas as formas possíveis.

Não serei como os que causam divisão,
    Pois são servos de seus próprios desejos.

Não são servos de Jesus Cristo,
    Porque enganam as pessoas com seus próprios argumentos.

Paulo quer que todos conheçam os cristãos romanos leais a ele;
    Quer que permaneçam leais à bondade
    E evitem o que provém do mal.

Senhor, Tu és o Deus da paz e harmonia,
  Em breve esmagarás satanás debaixo dos Teus pés;
  Que a graça de do Senhor Jesus Cristo esteja comigo.

Senhor, Paulo enviou aos leitores as saudações de Timóteo, bem como de Jasom e Sosípatro. Tércio, o ajudante de Paulo, manda saudações. Gaio e a igreja que se localiza na casa dele envia saudações, Erasto, o administrador da cidade de Corinto, e Quarto também enviam saudações.

Senhor, quero ser forte e estar firme durante minha vida,
  Para que eu possa dar toda glória a Ti.

Descansarei no Evangelho que ouvi pregar,
  Pois entendi a mensagem de Jesus Cristo.

O mistério de Cristo e da igreja é agora revelado a todos,
  Mas foi mantido em oculto nos tempos passados.
  Agora, eu glorifico na pregação de Jesus Cristo que
  Leva todas as nações à obediência pela fé.
  Agora, que Tu, o único Deus sábio, sejas glorificado
  Por meio do Senhor Jesus Cristo, meu Salvador.

Amém.

1 Coríntios

História de como foi escrita a primeira carta aos Coríntios

Data: d.C. 59 ~ Escrita em: Éfeso, Turquia ~ Escrita por: Paulo

O sol irrompia em glória pela manhã bem cedo, enquanto eu terminava meus ensinamentos na escola de Tirano. Adoro ensinar, quando só estão os cristãos presentes.

Quando vim para Éfeso, Turquia, a igreja se reunia na sinagoga, lugar onde os judaizantes sempre vinham com perguntas negativas, pois rejeitavam o Evangelho de Jesus Cristo.

Mas é diferente na escola de Tirano onde só estão presentes os cristãos. Reunimo-nos no pátio interior de uma casa grande rodeada por jardins exuberantes. Quando os irmãos em Cristo têm alguma dúvida sobre a doutrina, eu consigo ir mais a fundo para responder os questionamentos. Isso eu não conseguia fazer na sinagoga, lá eu ficava sempre defendendo a fé.

Então, chegou a carta vinda de Corinto. Falava sobre todos os problemas da igreja de Corinto, exatamente o oposto do que estava acontecendo em Éfeso. A carta falava de questões delicadas na igreja de Corinto acerca do divórcio e daqueles que nunca se casaram. Expressou preocupação em se falar em línguas, em comer carne oferecida a ídolos e em haver bebedeira e assuntos teológicos na mesa do Senhor. Eu estava tão ocupado com o avivamento acontecendo em Éfeso que não queria mexer com uma igreja cheia de problemas. Mas as discussões a estavam destruindo. Era preciso fazer algo. Éfeso estava passando por um avivamento; todos os dias, pessoas estavam sendo salvas nessa capital imensa. Eu não podia deixar o avivamento e ir a Corinto. E fiz uma pergunta a mim mesmo: "Se eu deixasse Éfeso, o Evangelho continuaria a ser levado aos lugares mais remotos?"

Há dezenas de povoados distantes onde o Evangelho foi pregado com ousadia e novas igrejas foram erguidas: Esmirna, Pérgamo, Tiatira, Sardes, Filadélfia e Laodiceia. Fiquei feliz quando soube notícias de como essas novas igrejas estavam evangelizando outros lugares.

Mas eu precisava fazer alguma coisa por Corinto. A carta sobre essa cidade perguntava a respeito da carne oferecida a ídolos. O templo de Zeus ainda dominava a cidade de Corinto e cada açougue de lá oferecia sua carne ao Zeus antes de ser vendida aos clientes. Os cristãos estavam se perguntando se podiam comer a carne oferecida a Zeus, mesmo não o adorando e nem crendo que houvesse qualquer coisa para o ídolo. Os servos de Deus estavam rejeitando uns aos outros – aqueles que não costumavam comer carne oferecida aos ídolos não queriam a presença dos irmãos em Cristo que haviam comido a carne oferecida a Zeus.

Eu balançava minha cabeça em sinal negativo, enquanto lia a carta. Comecei a formular uma resposta para replicar-lhes.

Mais tarde, nesse mesmo dia, conversei com Estéfanas, Fortunato e Acaico. Foram eles que trouxeram a carta de Corinto para mim.

Estéfanas foi testemunha ocular de outros problemas em Corinto. Primeiro, várias igrejas formadas nos lares estavam se desentendendo entre si. Uma igreja se dizia ser superior, porque era de Paulo, a outra dizia ser de Apolo e a terceira dizia ser de Pedro. Depois, apareceu um grupo afirmando-se verdadeiro seguidor de Jesus Cristo. Eles rejeitavam as outras igrejas. Percebi que eu precisava escrever para os coríntios a respeito da unidade.

Em seguida, Fortunato me falou sobre o problema da razão e da filosofia humana. Vários líderes estavam discutindo sobre quem era o mais inteligente... o mais certo... o mais errado... Usavam a razão humana para provar o que ensinavam. Escrevi para eles que a sabedoria vem do Espírito Santo e os não salvos não têm o Espírito Santo; sendo assim, falta-lhes discernimento espiritual. Até mesmo os cristãos carnais têm dificuldade para entender as coisas cristãs. Somente aqueles que se entregaram completamente ao Espírito Santo entendem o pensamento de Deus.

Acaico me contou outro problema. Estava acontecendo incesto na igreja de Corinto, e isso estava entristecendo aquele povo. O problema não era um caso claro de incesto – pai e filho – mas de homem se casar com a segunda esposa do próprio pai. O problema se agravava por conta dos mais velhos que não faziam nada.

Segundo Estéfanas, havia também outro problema na igreja. Quando as várias igrejas instaladas em lares passaram a brigar entre si a respeito dos cargos de liderança, elas levaram o caso ao tribunal gentio. "Você consegue imaginar os cristãos deixando aqueles pagãos sem fé alguma julgar e resolver os problemas de descuido da própria igreja?"

Tive de parar de ouvir e fazer uma lista de pecados para não esquecer nada na carta que lhes enviaria. Cada vez que eu ouvia outro problema, começava a fazer algumas anotações do que seria minha resposta.

Depois, Fortunato contou sobre a confusão entre o povo na Mesa do Senhor. Todos estavam levando a própria cesta de alimento para o banquete do amor, alguns levavam até bebidas alcoólicas e ficavam bêbados antes de irem celebrar a comunhão. Os ricos iam com cestas enormes de comida e, de forma egoísta, as guardavam só para eles, enquanto os pobres passavam por racionamento. E havia o caso daqueles que nada tinham e ninguém dividia com eles.

Outra vez, balancei minha cabeça não acreditando naquilo. A Mesa do Senhor deve refletir unidade no Corpo de Cristo no momento em que todos partirem o pão e tomarem do cálice juntos.

Em seguida, Acaico fala de outro problema da igreja. Alguns faziam citação minha quando falavam para toda a assembleia, outros usavam a própria sabedoria ou citavam Apolo ou Pedro. Eram essas as pessoas que, mais tarde, falavam em línguas dizendo ter recebido uma mensagem direta de Deus. As passagens do Novo Testamento não eram ainda escritas para ser nossa autoridade. Eu queria que todos ouvissem a Palavra de Deus com cautela, foi assim que determinei regras para o uso de línguas.

Por fim, Estéfanas me relatou sobre o falso ensinamento a respeito da ressurreição. Alguns estavam ensinando que não haveria ressurreição no futuro, tudo se acabaria com a morte. Quando ouvi isso, planejei responder a seguinte pergunta: "como pode um cristão crer que não haverá ressurreição de seus entes amados dentre os mortos?" Se acreditavam no Evangelho, deveriam levar em conta a ressurreição de Cristo.

O dia está acabando, e estou muito cansado para escrever. Estarei mais tranquilo para escrever a carta aos cristãos de Corinto amanhã de manhã, será a primeira coisa a ser feita.

Amanhã escreverei uma carta aos coríntios, mas preciso ser cuidadoso ao ser sincero. Eles precisam perceber a minha tristeza e decepção por conta dos problemas e das discussões causadas por eles. Mesmo assim, precisam perceber a minha indignação, no bom sentido, pelo pecado que cometeram. Vou dizer-lhes para expulsarem os cristãos pecadores da igreja. Ainda assim, pedir para que se arrependam. Esses novos cristãos de Corinto precisam crescer em Jesus Cristo.

Sinceramente em Cristo,
Apóstolo Paulo.

Orações baseadas na primeira Carta aos Coríntios

Divisões na Igreja

1 Coríntios 1:1-31

Senhor, Paulo apresentou-se como apóstolo,
   Chamado pela vontade Deus
   E Sóstenes, um irmão em Cristo.
   Ele escreveu para Tua igreja de Corinto
   E para todos os cristãos de todos os lugares.
   Escreveu para aqueles que Jesus Cristo santificou,
   Que oram no nome de Jesus.
   Paulo pede, em oração, que a graça esteja em todos que lerem esta carta
   Vinda de Ti e do Senhor Jesus Cristo.

Senhor, Paulo agradece a Ti pelos cristãos coríntios,
   Pois foram salvos pela graça.
   E foram enriquecidos com o conhecimento de Cristo,
   Sendo testemunhas de Cristo
   E tendo o pleno entendimento da verdade.
   Foram, assim sendo, ungidos pelo Espírito Santo,
   Têm todos os dons espirituais
   Enquanto aguardam a volta de Jesus.
   Paulo sabia que Tu os manterias firmes na fé
   Que os isentarias de toda culpa

Enquanto estivessem aguardando o Dia do Senhor Jesus Cristo,
Porque Tu és fiel para guardar aqueles
Que Tu chamaste para a salvação em Cristo.

Senhor, Paulo suplicou-lhes que, no nome do Senhor Jesus Cristo,
    Parassem de se desentender,
Mas que vivessem em harmonia, para que o Corpo de Cristo não
    se rompesse
    E, assim, fossem unidos num só pensamento na igreja.
Paulo havia sido informado por alguns da casa de Cloé
    Que a igreja estava passando por sérias divisões.
Alguns diziam: "Eu sigo Paulo".
    Outros diziam: "Eu sigo Apolo".
Outros também diziam: "Eu sigo Pedro",
    E alguns "super" espirituais afirmavam: "Eu sigo a Cristo".
Paulo perguntou: "Vocês dividiram Cristo em vários pedaços?"
    "Foi Paulo crucificado a favor de vocês,
    E todos foram batizados em nome de Paulo?"
Então, Paulo declarou: "Fico feliz por não ter batizado nenhum de
    vocês,
    Exceto Crispo e Gaio;
    Sendo assim, nenhum de vocês foi batizado em meu nome".
Ele lembra-lhes que batizou a família de Estéfanas
    Mas isso era tudo de que conseguia lembrar-se.

Senhor, eu ou outras pessoas não fomos enviados por Ti para batizar
    Mas para levar o Evangelho a todos.
Tu não me disseste para pregar filosofia
    Ou usar palavras "profundas" para explicar a morte de Cristo.

Senhor, sei que a mensagem da cruz é loucura
    Para os que estão perecendo no pecado.
Mas sei que Teu poder salva,

Pois me salvaste de uma vida sem propósito
E me deste entendimento das coisas espirituais.
Senhor, Paulo citou a passagem em que Tu dizes:
"Destruirei a sabedoria dos sábios e rejeitarei a inteligência dos inteligentes.
Confundirei os sábios
Pois então, onde estarão os filósofos desta terra?
O que aconteceram com os que escrevem livros?"

Senhor, Paulo explicou como as pessoas comuns são cegas espiritualmente,
Não conseguem, então, Te encontrar com a própria sabedoria delas.
Teu plano é salvar os que creem no Evangelho,
Que é uma mensagem "louca" para os perdidos.
Os judeus querem milagres para então passar a crer;
Os gentios ficam a procurar por respostas racionais,
Mas eu falarei do Jesus Cristo crucificado,
Algo visto como absurdo pelos judeus,
E falarei do Evangelho visto como loucura para os gentios não salvos.
Deus abriu meus olhos,
E todos que forem salvos, sejam judeus ou gentios,
Precisarão ver Cristo como catalisador do Teu plano de salvação.

Senhor, Tua "loucura" é mais sábia do que toda sabedoria humana,
Tua fraqueza é mais forte do que toda força humana.
Quando Tu me chamaste, eu não era sábio espiritualmente,
Eu pensava com o entendimento de uma pessoa comum.
Não chamaste ricos influentes
Ou pessoas com maior nível de estudo entre todo o mundo;
Pelo contrário, escolheste pessoas que o mundo pensa serem "loucas"
Para confundir aqueles que o mundo considera inteligente.

Além disso, escolheste pessoas sem influência
  E aquelas que o mundo chama de "classe baixa".

Escolheste pessoas odiadas pelo mundo
  Para dar de cara com os que o mundo pensa ser inteligentes,
Assim, ninguém tem o direito de vangloriar-se por suas conquistas e
  Dizer ter tido a ver com a salvação de alguém.

Senhor, só em Ti eu tenho salvação
  Pois Tu me tornaste membro do Teu corpo.

E por Tua iniciativa, Cristo é minha sabedoria,
  Justiça, santidade e redenção.

Pois, conforme diz a Bíblia: "Quem se gloriar,
  Glorie-se no que o Senhor tem feito".

Amém.

Entendimento das Coisas Espirituais

1 Coríntios 2:1-16

Senhor, não usarei palavras maravilhosas ou filosofia
  Para levar o Evangelho aos demais.
Quero que todos conheçam a mensagem simples de Jesus
  E o que a Sua morte pode fazer por eles.
Não confiarei na minha habilidade de convencer as pessoas
  Pois reconheço o quanto sou fraco.
Meus discursos ou sermões não serão baseados
  Em técnicas de argumentação ou em filosofia.
Quero que o Espírito Santo demonstre Seu poder
  Quando transformar a vida das pessoas que ouvirem o Evangelho.
Não quero que a fé de ninguém se baseie na razão humana,

Mas sim no poder de Deus.
Também entre aqueles que conhecerem a Bíblia
    Falarei com grande sabedoria.
Não é o tipo de sabedoria que vem dos filósofos
    Nem do tipo que agrada "os pensadores da lógica",
    Cujo pensamento os condenará ao fracasso,
Minha sabedoria vem de Ti,
    Falo durante anos do Teu plano destinado a todas as pessoas.
Minha sabedoria não é entendida pelos grandes pensadores,
    Pois se os "grandes homens" entendessem Tua sabedoria,
    Eles nunca teriam crucificado o Senhor da glória.
A Bíblia diz: "Olho nenhum viu,
    Mente nenhuma imaginou o que Deus preparou
    para aqueles que creem e O amam".
Senhor, entendo o Teu plano preparado para todo o povo
    Pois enviaste o Espírito Santo para me ensinar.
O Espírito alcança, nesta hora, o mais profundo do Teu propósito
    Para me mostrar as coisas que
    Tu escondes do mundo.
Somente nós sabemos de verdade
    O que estamos pensando
    Ou como realmente somos.
Ninguém tem poder de saber o que Tu estás pensando
    Ou como Tu realmente és,
    A não ser que o Espírito Santo revele a alguém.

Senhor, Tu me deste o espírito Santo
    Que é diferente do espírito deste mundo;
    Logo, consigo entender Teus dons e planos para mim.
Agora, quero dizer dos teus planos para as pessoas,
    Não usando frases prontas da filosofia ou da lógica,
    Mas sim as próprias palavras do Espírito Santo;

Assim, aqueles que estiverem na real comunhão com o Espírito Santo
Poderão entender o significado espiritual de Tua mensagem.

Senhor, as pessoas ainda não salvas não conseguem entender Teus planos,
Acham loucura.
Muito menos têm o poder de saber o que o Espírito Santo diz,
Pois são cegas espiritualmente.

Senhor, eu entendo Teus planos preparados para o mundo,
Mas os descrentes não conseguem entender de forma alguma.
Como poderão saber dos Teus planos ou pensamento,
Se não sabem orar adequadamente e nem ler a Bíblia corretamente;
São cegos para a verdade espiritual.
Mas eu sei, de verdade, dos Teus planos e propósitos,
Pois tenho Cristo que vive em mim.

Amém.

Cristãos Carnais

1 Coríntios 3:1-23

Senhor, Paulo disse que não trataria os coríntios
Como se fossem cristãos muito espirituais,
Porque eram mundanos e bebês em Cristo.
Paulo não lhes deu alimento sólido,
Porque bebê não consegue digerir alimento sólido.
Ele lhes deu o leite da Palavra – o essencial,
Não a carne da Palavra para deixá-los fortes.
Paulo disse que, quando eles estavam discutindo com os líderes,
Pareciam agir como os não salvos

Pareciam estar influenciados pelos desejos da carne.
Alguns na igreja estavam proclamando: "Eu sou de Paulo".
Outros gritavam: "Eu sou de Apolo".

Senhor, quem é Paulo e quem é Apolo, a não ser Teus servos
    Que pregam a Tua Palavra e levam pessoas à fé.
Eles usam diferentes maneiras de ministração,
    Porque receberam diferentes dons espirituais.
Paulo plantou e Apolo regou, mas és Tu que fazes crescer;
    Nem aquele que planta nem o que rega tem valor,
    Só Tu que importa.
Plantando ou regando, eles formam uma equipe;
    Cada um será recompensado pelo que fizer,
    Somos todos Teus cooperadores.

Senhor, Paulo foi apenas o construtor que fundou o alicerce
    E outra pessoa construiu a partir de então.
Isso significa que estou construindo sob o alicerce original
    Do Evangelho e sob a doutrina que foi firmada por Paulo;
    Sendo assim, preciso estar atento à maneira com que trabalho.
Pois ninguém pode firmar o alicerce
    Porque já foi firmado;
    O alicerce é Jesus Cristo.
Construirei sob o alicerce de Jesus Cristo.
    Usarei vários objetos de ouro, prata e rubi.
    Alguns usarão paus, forragem e restos.
O Dia do Julgamento, porém, está próximo
    Será o momento da revelação de nossas boas obras.
    Deus usará fogo para julgar nossos esforços,
    Se nossas boas obras forem queimadas, seremos perdedores;
    Se elas vencerem a prova, serem recompensados.
Poucos cristãos terão tudo queimado,
    A única coisa que permanecerá será a salvação.

Senhor, sou Teu templo, o Espírito Santo vive em mim;
   Quero ser santo para Te glorificar.
Tu destruirás todo aquele que derrubar o Teu templo
   Pois é sagrado;
   Meu corpo é templo onde Tu desejas habitar.
Senhor, não me deixes enganar a respeito da espiritualidade,
   Os que pensam ser sábios segundo o modelo terreno
Tornam-se de loucos,
   Porque a sabedoria do mundo é loucura diante dos Teus olhos.
Diz a Bíblia: "O Senhor conhece os pensamentos dos sábios,
   que são vãos",
Portanto, não me gloriarei com o pensamento humano,
   Gloriar-me-ei no que Tu me deste.
Em tudo que tens me dado,
   Paulo, Apolo, Pedro, a vida, a morte, tudo;
O presente, e o futuro pertencem a Ti
   E eu pertenço a Cristo, e Ele pertence a Ti.

   Amém.

Julgando os Cristãos

1 Coríntios 4:1-21

Senhor, quero que as pessoas me vejam como servo de Cristo,
   Aquele a quem Tu confias o Teu conhecimento.
Pois, a coisa mais importante de um servo
   É que eu, como Teu servo, me ache fiel.
Não me preocuparei com o que as pessoas pensam,
   Nem mesmo confiarei em meus pensamentos.
Tenho a consciência limpa,

Mas nem por isso posso provar estar certo;
Tu, Senhor, apenas nos dirás o que é certo.
Portanto, não julgarei antecipadamente se alguém é bom,
Deixarei isso para quando Cristo voltar,
E, então, todas as coisas ocultas serão reveladas
E saberemos como é cada um de nós
E todos receberão a recompensa que merecer.

Senhor, Paulo usou a si mesmo e Apolo como exemplo,
Para que ninguém expresse favoritismo;
Não devemos trocar um mestre por outro.
A Bíblia diz: "Viva segundo as regras",
Não glorie um sobre o outro.
Tu não fizeste ninguém superior a ninguém,
Tu nos deste os dons que temos,
Para que ninguém se glorie dos próprios dons
Como se fosse superior a outras pessoas.

Senhor, Paulo expulsou os coríntios, porque pensaram, de forma errônea,
Que tinham todas as coisas espirituais de que precisavam.
Estavam agindo como os reis ricos
Que sentam contentes em seus tronos.

Paulo lhes disse que desejava que estivessem reinando de verdade,
E que ele estivesse reinando junto a eles.
Mas esse não foi o caso.

Paulo lhes disse que havia sido nomeado apóstolo
E que os apóstolos morreriam em nome da causa de Cristo.
Como prisioneiros no corredor da morte,
Os apóstolos estão sob sentença de morte
E o mundo dos ímpios se alegrará com a execução.

Senhor, Paulo dizia ser considerado louco pelas normas do mundo,

Os coríntios, entretanto, se julgavam sábios.
Paulo dizia que ele era fraco aos olhos do mundo,
  Enquanto os coríntios se julgavam fortes.
Paulo dizia que o mundo ria dele,
  Enquanto os coríntios se comportavam como celebridades.
Senhor, Paulo disse que passou fome e sede,
  Vestiu trapos, foi tratado brutalmente e não teve onde morar,
  Tudo em nome da causa de Cristo.
Paulo diz que precisa dar duro para ganhar dinheiro,
  Mesmo sendo amaldiçoado, ele abençoa os que o atacam.
  Ele é paciente com os que o machucam.
Paulo disse que ele responde calmamente quando é insultado,
  Mesmo quando as pessoas o tratam como lixo.

Senhor, Paulo explicou que não estava escrevendo para envergonhá-los,
  Mas para admoestá-los, já que estavam se comportando como crianças.
É provável que haja muitos tentando ensiná-los
  Mas Paulo é o pai deles na fé,
  Foram salvos quando ele pregou o Evangelho.
É por isso que Paulo queria que copiassem o exemplo dele
  E imitassem as atitudes tomadas por ele.
Paulo planeja enviar Timóteo para ajudá-los
  Porque ele havia ganhado Timóteo para Cristo,
  Assim como havia ganhado os coríntios para Cristo,
Timóteo os ensinará o que Paulo deseja que saibam,
  É a mesma coisa que Paulo ensinou em todas as igrejas.
Senhor, Paulo percebeu que havia algumas lideranças soberbas nas igrejas
  Durante o tempo em que não estava presente.
Sendo assim, prometeu ir assim que
  O Senhor o permitisse.

Logo depois, Paulo prometeu interrogar os líderes pretensiosos,
  Para ver se estavam de acordo com as normas de Deus,
Porque o reino de Deus não consiste em palavras,
  Mas em poder, santidade e obediência.
Portanto, Paulo lhes disse para decidir se queriam
  Ir ao Senhor pelo castigo
  Ou pelo amor e mansidão.

Amém.

A Influência Maligna na Igreja

1 Coríntios 5:1-13

Senhor, Paulo ouviu relatos de imoralidade sexual dentro da igreja,
  Que nem os ímpios toleram.
  Um homem estava vivendo com a esposa do próprio pai
  Na imoralidade sexual.
  Paulo perguntou: "Estão orgulhosos e cegos
  A ponto de não enxergarem esse pecado terrível?"
  "Vocês não deveriam estar se sentindo culpados?
  Deveriam ter expulsado o homem da igreja".

Senhor, Paulo disse que embora ele não estivesse presente,
  Ele já sabia o que deveria fazer,
  Era como se ele estivesse junto a eles.
Convoquem a igreja para votar a respeito dessa questão,
  E lembrem-se de que o Senhor está presente quando se unirem.
Votem para que o homem seja retirado da comunhão,
  Coloquem-no nas mãos de satanás para que seja castigado,
Na esperança de que a alma dele seja salva na volta de Jesus,
  Mesmo ele morrendo antes disso.

Senhor, Paulo mandou embora todo o orgulho que sentia pelas
    conquistas,
    Lembrando-lhes que uma pitada de fermento velho
    Pode influenciar toda a massa.
Paulo lhes disse para se livrarem daquele fermento velho e
    pecaminoso
    E fazer da igreja um novo e completo pão,
    Lembrando-se de que Cristo é a Páscoa.
Paulo disse para se livrarem do homem pecador,
    Para que pudessem ser o pão sem fermento da Páscoa,
    Conhecido pela sinceridade e verdade.

Paulo lembrou-lhes que havia escrito uma carta tempos atrás,
    Alertando para não andarem
    Com aquele que possui uma vida imoral.
Ele explica que não se referia ao povo pagão,
    Que é sexualmente imoral, ganancioso,
    Mentiroso, ladrão e idólatra.
Um cristão não consegue viver neste mundo
    Sem estar em volta de pessoas assim.
O que Paulo quis dizer era para não andar
    Com pessoas que viviam afirmando ser cristãs,
Mas por trás se lançavam aos pecados sexuais, incluindo
    Todos os pecados que ele mencionou acima;
    Não se assentem nem mesmo para comer em comunhão com elas.

Senhor, eu sei que não cabe a mim julgar os que estão fora da igreja,
    Mas, certamente, é dever dos cristãos
Se responsabilizar pelos membros da igreja
    Quando cometerem os pecados acima citados.
    Só Tu és o juiz dos que estão fora da igreja;
Entretanto, os cristãos coríntios precisam dar conta

do irmão pecador que desgraça a cristandade;
Portanto, expulsem-no da igreja.

Amém.

É Proibido o Cristão ir ao Tribunal Contra Outro Cristão

1 Coríntios 6:1-20

Senhor, Paulo ficou perturbado ao saber que um cristão coríntio
   Estava levando um problema de cunho cristão
   Para o tribunal mundano e não para a igreja.
Os cristãos julgarão o mundo no futuro
   E se o mundo será julgado por nós,
   Por que nós cristãos estamos levando os casos até eles?
Pois, se um dia os cristãos julgarão os anjos,
   Entende-se que podemos julgar uns aos outros na terra;
Então, por que ir a um juiz que não é cristão?
   Vocês devem ficar envergonhados de si mesmos,
   Não existe alguém na igreja que é sábio o bastante
   Para decidir esses problemas?
A igreja de Corinto, porém, tinha um irmão
   Processando o outro em frente dos descrentes.
É vergonhoso para os cristãos entrar com processo;
   Permitam ser enganados.
Os cristãos erram quando se envolvem com litígios,
   Porque se enganam ao achar que estão certos.

Senhor, Paulo disse aos cristãos de Corinto que os imorais
   Não têm participação no reino de Deus.
Isso inclui os idólatras, adúlteros, homossexuais,
   Ladrões, avarentos, alcoólatras, caluniadores e trapaceiros.
Os coríntios cometeram todos esses pecados,

Mas, agora, estão lavados, limpos, santificados
E salvos pelo nome do Senhor Jesus Cristo
   E pelo Teu Espírito Santo.

Senhor, Paulo disse: "Posso fazer qualquer coisa que eu quiser,
   Mesmo que elas não sejam boas para mim.
Mesmo se me for permitido fazê-las,
   Não ficarei obcecado pelo pecado.
Posso comer o alimento, pois foi feito para o estômago
   E o estômago para os alimentos.
Não deixe o alimento dominar a sua vida,
   Porque um dia Deus dará fim ao alimento e ao estômago".

Senhor, Paulo disse que o pecado sexual não é certo,
   Nossos corpos não foram criados para o pecado sexual;
Foram criados como Teu lugar de habitação;
   Vem, Senhor, habitar no templo de nossos corpos.

Senhor, sei que meu corpo é o único membro
   Que compõe o Corpo de Cristo.
Isso significa que não posso tomar o Corpo de Cristo
   E o unir a uma prostituta. Jamais!
O homem que se relaciona com prostituta
   Torna-se um só corpo com ela,
     Pois a Bíblia diz que:
     "Os dois serão uma só carne".
   Aquele que se unir a Ti
   É um espírito contigo.

Senhor, Paulo nos admoestou: "Fujam da imoralidade sexual";
   Outros pecados são cometidos fora do corpo,
     Mas o pecado sexual é contra o nosso próprio corpo.
Senhor, farei do meu corpo o templo do Espírito Santo
   E Ele será manifestado em meu corpo, porque

Eu recebi de Ti o Espírito Santo.
Meu corpo não pertence a mim,
Pertence a Ti, Senhor.
Do pecado Tu me compraste
E, por mim, pagou com o sangue de Cristo;
Portanto, usarei meu corpo para Te glorificar.

Amém.

Instruções Acerca do Casamento

1 Coríntios 7:1-40

Senhor, Paulo respondeu a uma pergunta escrita para ele
Acerca do relacionamento entre homens e mulheres.
"É bom que o homem
Não toque na mulher".
Pois, o sexo imoral é sempre uma tentação,
Cada homem deve ter sua esposa
E cada mulher deve ter seu marido.
O marido deve atender às necessidades sexuais da esposa
E a esposa deve fazer o mesmo com o marido.
A esposa não tem direitos sexuais sobre o próprio corpo,
O marido que possui esses privilégios.
Da mesma forma, o homem não tem direitos sexuais
Sobre o próprio corpo, mas sua esposa os tem.
Não recusem os privilégios sexuais um ao outro,
Salvo durante certo tempo por mútuo consentimento.
Depois, tenham as mesmas relações de antes,
Para que satanás não tenha vantagem sobre um ao outro.

Senhor, diz Paulo que ninguém é obrigado a se casar, somente se o desejar;
Paulo queria todos vivessem como ele.

Mas cada um difere do outro em necessidade e desejo,
  Deus dá o dom, de algum modo, para ser marido ou esposa,
  Outros já possuem o dom para permanecer solteiro, porém felizes.

Senhor, Paulo disse aos solteiros e viúvas para continuarem solteiros
  Assim como ele;
  Mas se alguém não conseguir se controlar,
  É melhor casar-se do que sofrer.
Senhor, Paulo apresentou os princípios aos casados
  Que não eram conselhos dele, mas sim as Tuas regras.
A mulher não pode deixar o marido;
  Caso ocorra,
  Ela deve se casar.
A mulher deve reconciliar-se com o homem, se possível;
  E o homem não deve se divorciar da esposa.

Senhor, Paulo deu sugestões que não eram Teus mandamentos, como
  Se um cristão possui uma esposa descrente,
  E vive em paz com ela;
Logo, ela não pode mandá-lo embora,
  Porque o marido descrente pode tornar-se cristão
  Por influência da esposa,
O mesmo acontece com as esposas descrentes.
  Se não houver influências cristãs por parte de um dos pais;
  Corre o risco dos filhos não serem salvos,
Por outro lado, podem ser salvos por influência de um dos pais.
  Mas se o cônjuge descrente desejar se separar,
Então o cristão não é obrigado a permanecer no casamento.
  Todavia, se um dos dois for cristão,
A esposa sendo cristã deve levar seu marido a Cristo,
  E o marido sendo cristão deve levar sua esposa descrente à salvação.

Paulo disse que sua ordem para todos os cristãos entre as igrejas
    Era aceitar a situação em que Deus os havia colocado.
Não se esqueçam de decidir pontos importantes acerca do casamento,
Verifiquem se estão de acordo com a direção de Deus.
    Se o homem já era circuncidado antes da salvação
        Não precisa disfarçar.
E se alguém foi incircuncidado quando foi salvo,
    Não precisa se circuncidar;
Porque para Deus isso não significa nada,
    O que vale é obedecer aos mandamentos de Deus.
Paulo disse aos cristãos para continuarem a boa obra
    Para qual Deus os havia chamado.
Paulo disse que não havia mandamento de Deus
    Se mulheres bem jovens e solteiras
    Deviam ou não se casar,
Mas ele tem uma opinião
    Baseada na sabedoria que Deus lhe deu;
Pelo fato de os cristãos terem enfrentado grandes perigos nos dias de Paulo,
    Ele sentiu que o melhor para elas é que permanecessem solteiras.
Claro que se alguém já estivesse casado,
    Não deveria se separar.
Mas se estivesse solteiro,
    Paulo diz que não queria que corressem para o casamento.
Contudo, se o cristão já estivesse para se casar,
    Que continuasse a caminho do casamento,
Porque o casamento traz problemas extras
    Que Paulo não queria que enfrentassem naquele momento.

Senhor, sei que o tempo que nos resta é curto;
    Então, os que possuem esposa devem permanecer

livres o possível para servir a Deus.
A felicidade ou a decepção de um casamento
Não deve nos impedir de Te servir.
Viva como se não houvesse felicidade ou tristeza,
E os que vivem para comprar coisas materiais
Devem viver como não possuíssem nada.
Os que precisam ganhar dinheiro neste mundo
Não devem ficar obcecados com isso,
Pois este mundo está acabando.

Senhor, Paulo queria os coríntios livres de toda preocupação,
Porque quem não é casado tem condição de dedicar
Todo o tempo a agradar ao Senhor,
Mas quem é casado precisa se preocupar com
As preocupações e as coisas desta vida.
Ficam divididos entre duas coisas –
Entre agradar ao Senhor e o cônjuge.
As solteiras têm condição de se dedicar a Ti,
Preocupando-se com a santidade do corpo e do espírito.
As casadas precisam se preocupar em
Agradar a Ti e o marido.

Senhor, diz Paulo que essas coisas são para fazer os cristãos se fortalecer,
E não privá-los de se casar.
Ele queria que eles Te servissem o melhor possível
Sem se distanciar do casamento.
Se alguém sentir que deve se casar,
Porque não consegue controlar os próprios desejos,
A pessoa deve se casar, não é pecado.
Se a pessoa tiver autocontrole e decidir não se casar,
Paulo diz que essa é uma escolha sábia.
Logo, aquele que se casa vive no desejo de Deus,

E aquele que não se casa pode servir a Deus melhor.
A esposa com o marido torna-se um, enquanto ele viver;
   Se ele morrer, ela está livre para se casar outra vez,
   Ela deve se casar somente no Senhor.
Na opinião de Paulo, ele está mais feliz, porque não está casado
   E, segundo ele, esse é o desejo de Deus.

Amém.

Coisas Questionáveis

1 Coríntios 8:1-13

Senhor, Paulo respondeu a perguntas acerca dos alimentos,
   Que eram oferecidos aos ídolos.
Todo mundo acha que possui a resposta certa,
   Porque o conhecimento nos faz sentir importantes,
   Mas o amor pelos demais edifica a igreja.
Se alguém disse que tem todas as respostas,
   Ele está apenas mostrando como sabe pouco.
Mas quem ama o Senhor e realiza Seu desejo,
   Este Deus conhece.

Senhor, Paulo disse aos coríntios que os ídolos são só imagens esculpidas,
   Eles não são um deus de fato;
Tu és o único e verdadeiro Deus
   E mais ninguém.
Alguns pensam que há vários deuses
   Quer no céu, quer na terra,
Mas sei que Tu és o pai, o Único Deus,
   E que Jesus Cristo tudo criou
   E nos dá a vida.

Senhor, alguns não se dão conta de que Deus não é uma imagem,
    Pensam que o alimento oferecido aos ídolos
    É oferecido de verdade a um Deus vivente.
E, então, quando comem o alimento oferecido,
    Pensam que estão, na verdade, adorando aquele deus.
Mas Tu não te importas se as pessoas comem alimento
    Oferecido antes a um ídolo;
    Tu sabes que o ídolo não é real ou está vivo.
Não pecamos se comermos esse alimento,
Nem nos tornamos melhores se o recusamos;
    A carne do hambúrguer não é nada mais do que uma carne de hambúrguer!
Porém, existem alguns cristãos com a consciência mais fraca,
    Pensam que estão reconhecendo ou adorando um ídolo
    Se comerem a carne do hambúrguer oferecida a um ídolo.
Aí está o problema, o cristão com a consciência mais fraca
    Vê-nos comendo o hambúrguer oferecido a um ídolo;
Em seguida, ele vai contra a própria consciência e come o hambúrguer oferecido a um ídolo,
    E enfraquece a própria fé,
    Porque pensam ter cometido um pecado.
Todavia, o cristão com a consciência mais forte,
    Que sabe que o hambúrguer é apenas um hambúrguer,
    Faz o cristão mais fraco se destruir.
É um pecado contra Jesus
    Fazer nosso irmão em Cristo tropeçar.
Portanto, se a comida oferecida a ídolos fizer um irmão pecar,
    Não comerei pelo resto da minha vida outro hambúrguer;
    Não quero fazer nenhum cristão pecar contra a própria consciência.

                Amém.

Paulo Defende Seu Apostolado

1 Coríntios 9:1-27

Senhor, Paulo disse aos coríntios: "Eu sou apóstolo",
   Quando os caluniadores estavam afirmando que ele não era apóstolo.
Paulo disse que não era responsável pelos seres humanos
   E que ele, verdadeiramente, havia visto o Jesus ressurreto.
Paulo destaca que a vida de muitos foi mudada,
   Que é resultado de sua ministração
   E o selo de seu apostolado.
Embora alguns cristãos neguem que Paulo seja apóstolo,
   Paulo afirma que eles são seu selo,
   Pois conquistou muitos deles para Cristo.
Senhor, Paulo reivindica o direito à comida que Tu dás
   E o direito de levar com ele a esposa sendo ela cristã,
   Como fazem outros apóstolos, isto é, o irmão de Jesus e Pedro.
Depois, Paulo fez uma pergunta com teor de condenação:
   "Será que apenas eu e Barnabé não temos o direito
   De deixar de trabalhar para termos sustento?"
Paulo disse que merecia ser pago, porque
   Os soldados são pagos para servir.
Quem planta uma vinha come do seu fruto,
   E os que apascentam o rebanho bebem do seu leite.
Isso é apenas uma ilustração, a Escritura ensina:
   "Não amordace o boi enquanto ele estiver debulhando o cereal".

O lavrador ara na esperança de se alimentar,
   E o debulhador espera pegar a sua parte.
Uma vez que Paulo havia colhido coisas espirituais para eles,
   Ele esperava por comida, abrigo e roupa em troca.
Os coríntios deram a outros ministros;
   Certamente, os direitos de Paulo eram maiores,

Embora ele antes não tenha usado seus direitos.
Paulo diz que nunca pediu dinheiro deles,
   Porque poderiam perder o interesse pelo Evangelho.
Quem trabalha no templo se alimenta do templo,
   E quem ministra no altar guarda um pouco de alimento para si.
   Da mesma forma, quem prega o Evangelho
   Deve ser ajudado financeiramente pelo ministério do Evangelho.

Senhor, Paulo lembrou aos coríntios de que ele não usou de seus direitos
   E que não estava escrevendo para ganhar dinheiro deles.
Paulo disse que preferia morrer
   A perder as bênçãos da ministração gratuita.
Porém, ele testificou que não pode deixar de pregar o Evangelho,
   Pois Tu lhes deste essa responsabilidade.
Pregar o Evangelho é a maior alegria de Paulo
   Sem ser pago por ninguém.

Senhor, não sou servo de ninguém,
   Mas me fiz servo de todos,
   Para ganhar o maior número possível de pessoas.
Quando eu estiver com os judeus, viverei como os judeus,
   Para que eu possa ganhá-los para Cristo.

Quando estiver com os gentios, me sujeitarei às suas leis,
   Para que eu possa ganhar os gentios para Cristo.
Quando estiver com pagãos, que são sem leis,
   Viverei entre eles para ganhá-los para Cristo.
Não ofendo a consciência dos cristãos mais fracos,
   Que se incomodam em comer carne sacrificada aos ídolos;
   Quero ganhar os fracos para Cristo.
Tento encontrar um ponto em comum com todos,
   Para apresentar a mensagem do Evangelho a eles.

Faço tudo isso para levar o Evangelho a todas as pessoas,
  Para vir para salvação em Cristo.

Senhor, todos os que correm no estádio tentam vencer,
  Mas apenas um ganha o prêmio;
  Sendo assim, tentarei sempre vencer a corrida para Cristo.
Todo lutador se disciplina para ganhar sua recompensa,
  Ele ganha uma coroa de flores que murchará
  Eu quero ganhar um prêmio que nunca desaparecerá.
Estou na corrida desta vida para vencer
  Mas não é para ganhar apenas,
  É a maneira com que me preparo e corro.
Treino muito para que meu corpo esteja preparado,
  Não quero ser reprovado;
  Senhor, ajuda-me a ganhar a corrida desta vida.

Amém.

Pureza à Mesa do Senhor

1 Coríntios 10:1-33

Senhor, não me faz esquecer de que os judeus seguiram a nuvem da shekinah
  Enquanto caminhavam sem rumo pelo deserto.
Tu os guiaste com a nuvem de glória
  E passaram pelo Mar vermelho com segurança.
Foi chamado de "batismo", pois seguiram Moisés em direção ao mar
  E chegaram do outro lado.
Como milagre, todos os dias Tu enviavas maná para alimentá-los
  E bebiam da rocha no deserto;
  Aquela rocha era a retração da vinda de Cristo.

Mesmo fazendo tudo isso,
    Eles se rebelaram contra Ti e morreram no deserto.

Senhor, a vida de Israel no deserto é uma lição para mim,
    Não cobiçarei coisas más,
    Nem adorarei ídolos como alguns faziam.
A Bíblia diz para não seguir os exemplos dessas pessoas,
    Pois elas se assentaram para comer a comida que Tu deste;
    Depois se levantaram para dançar e adorar o bezerro dourado.
Nunca me entregarei à imoralidade sexual
    Como alguns fizeram no deserto
    E morreram vinte e três mil num só dia.
Alguns se queixaram contra Ti
    E morreram pelas picadas de serpentes;
    Outros foram julgados pelo anjo destruidor.

Senhor, todas as coisas que aconteceram no deserto
    São avisos para eu não seguir o exemplo deles.
Essas revoltas foram escritas como lição
    Para mim, pois o fim do mundo se aproxima.
Quando penso que eu nunca faria essas coisas,
    Vejo que preciso tomar cuidado para não cair na armadilha deles.
As tentações e as provações enfrentadas pelos coríntios
    Não são maiores das quais enfrento a cada dia.
Mas Senhor, sei que Tu não me deixarás ser tentado
    Com pressões maiores do que posso suportar.
Os desejos malignos que me atraem não são diferentes
    Dos que outros cristãos enfrentaram.
Senhor, sei que Tu não me deixarás ser tentado
    Além do meu autodomínio,
Mas com minhas tentações, Tu me mostrarás como
    Suportar o poder da tentação.

Senhor, fugirei de qualquer idolatria,
   Usarei minha sensatez para impedir
   Qualquer influência dos ídolos na minha vida.

Senhor, recebo a bênção de Ti
   Quando bebo o cálice da comunhão,
   Que representa o sangue de Cristo.
   E recebo também a bênção ao comer o pão,
   Que representa o Corpo de Cristo que foi sacrificado por mim.
O único pão representa o Corpo de Cristo,
   Que embora eu seja apenas um entre muitos,
   Formamos um só Corpo espiritual em Cristo.
Os judeus fizeram o mesmo no Antigo Testamento,
   Eles foram um só povo quando comeram juntos no altar.
Isso significa que, quando os pagãos fazem algum sacrifício aos ídolos,
   Os ídolos são reais e estão vivos? Não!
   A adoração deles tem algum valor? Não, de modo algum!
Quem oferece alimento aos ídolos está, na verdade,
   Dando sacrifícios aos demônios,
   Eles não estão oferecendo a Deus.
Paulo disse não querer os coríntios
   Oferecendo qualquer coisa aos demônios.
Não se pode beber do cálice da comunhão de Cristo
   E o cálice dos demônios ao mesmo tempo,
Nem pode se assentar à mesa do Senhor
   E à mesa dos demônios;
   Senhor, não fica chateado comigo.

Senhor, Tu me permites comer todos os tipos de alimento
   Mas nem todos são bons para mim,
   Nem todos os tipos de alimento me serão saudáveis.

Senhor, não perderei todo o meu tempo pensando em mim mesmo,
   Voltarei meus olhos para outras pessoas
   E verei o melhor para elas.
Comprarei o que eu quiser no mercado
   Mas não perguntarei se foi oferecido aos ídolos;
   Senão, ferirei minha consciência ou de outra pessoa.
Tudo que vier para mim desta terra
   Vem de Ti e Tu dás a mim.
Se algum descrente me convidar para uma refeição,
   Comerei o que for servido;
   Não farei perguntas por causa da consciência.
Mas se alguém me disser que a comida foi oferecida a ídolos,
   Não comerei por consideração
   Ao irmão mais fraco que tropeça com isso.
Os receios do cristão mais fraco não são meus,
   Mas não usarei minha liberdade para feri-lo
   E não deixarei sua consciência me aprisionar.
Serei grato por tudo que comer,
   Comerei para a glória de Deus.
Não farei ninguém tropeçar
   Sejam judeus, gentios ou cristãos.

Senhor, oro para que eu não venha ferir ninguém em momento algum,
Farei o melhor para transformar os perdidos em salvos.

Amém.

Instruções Acerca da Mesa do Senhor

1 Coríntios 11:1-34

Senhor, meu exemplo em todas as coisas é Cristo;
   Logo, os demais devem seguir meu exemplo, pois sigo a Cristo.

Os coríntios seguiram muito bem
    Os princípios ensinados por Paulo,
Mas há uma questão que ele quis destacar outra vez.
    A esposa é responsabilidade do marido,
    O marido é responsabilidade de Cristo
    E Cristo é responsabilidade de Ti, o Pai.
Portanto, se o homem se recusa a retirar o chapéu
    Ao orar ou pregar as Escrituras,
    Ele desonra a própria cabeça – Cristo.
O cabelo da mulher, entretanto, é sua honra,
    Ela desonra o marido
    Se ela orar ou falar sobre as Escrituras sem cobrir a cabeça,
    É melhor então cortar o cabelo.
O homem não deve cobrir a cabeça com nada,
    Porque ele é feito à imagem de Deus,
    Pois o chapéu é um sinal de rebeldia a Deus.
A glória de Deus é o homem que é feito à Sua imagem,
    E a mulher é a glória do homem.
    O homem não veio da mulher,
A primeira mulher veio de Adão.
    O homem não foi criado por causa da mulher,
    Mas ela foi criada por causa do homem.
Pelo fato de os anjos examinarem a autoridade na igreja,
    A mulher deve cobrir a cabeça
    Como sinal de autoridade.

Senhor, respeito o Teu plano e propósito destinados aos homens e mulheres,
    O homem e a mulher precisam um do outro.
Embora a primeira mulher tenha vindo de Adão,
    Todo homem desde então veio da mulher,
    E tantos os homens quanto as mulheres vêm de Ti.

Paulo pediu aos coríntios para julgarem entre eles mesmos:
　　É apropriado a uma mulher orar
A Deus com a cabeça descoberta?
　　E não é tolo os homens terem cabelo longo?
　　Algumas pessoas, entretanto, querem discutir isso.
　　Tudo que Paulo disse foi para as mulheres se cobrirem ao orar,
　　Essa é forma feita em todas as igrejas.

Senhor, após dar essas instruções, Paulo entrou em outro assunto;
　　Quando os coríntios se reuniam para o momento de comunhão,
　　Eles mais faziam mal do que bem.
Primeiro, Paulo disse que havia divisões entre eles
　　Quando se uniam à Mesa do Senhor,
E por possuírem uma história de divisão no passado,
　　Paulo passou a acreditar no que ouvia a respeito deles.
Porque cada um de nós pensa ser o certo,
　　Cada um pensa estar mais próximo de Deus do que os outros.
Portanto, os coríntios comiam para honrar a si mesmos,
　　Não para honrar o Senhor Jesus que instituiu essa refeição.
Alguns comem com pressa tudo que podem comer,
　　Não esperam para partilhar a comunhão entre eles.
Alguns ficam com fome, não têm o suficiente para comer,
　　Enquanto outros comem vorazmente
　　Ou bebem o tanto que podem.
Será que não têm uma casa para comer e beber?
　　Eles desprezam a igreja
　　E humilham os que não podem trazer muita comida.
Vocês querem que elogie a igreja de Corinto?
　　Paulo disse: "Certamente que não!"

Senhor, Paulo disse aos coríntios que Tu deste
　　A seguinte instrução para celebrar a comunhão:
Que o Senhor Jesus, na noite em que foi traído,

Tomou o pão e deu graças a Ti.
Depois, partiu-o e disse:
"Isto é o meu corpo, que é dado em favor de vocês;
Façam isto em memória de mim".
Da mesma forma, Jesus tomou o cálice e disse:
"Este cálice é a nova aliança firmada por Deus para perdoar os pecados,
Sempre que beberem este cálice, lembrem-se de Mim".
Portanto, toda vez que um fiel comer desse pão
E beber desse cálice, este reviverá a verdade do Evangelho;
A Mesa do Senhor é a lembrança até Sua volta.
Quem comer do pão e beber do cálice,
De maneira indigna,
Será culpado de pecar contra o corpo e o sangue do Senhor.

Senhor, examinarei por completo a mim mesmo
Antes de comer do pão e beber do cálice,
Porque qualquer um que comer ou beber de maneira indigna,
Não meditando no corpo e sangue de Cristo,
Está contribuindo para a própria condenação.
Por isso, alguns cristãos estão fracos e doentes,
E alguns prematuramente estão a morrer sob Teu julgamento.

Senhor, examinarei a mim mesmo com cuidado antes da comunhão,
Para eu não ser castigado ou julgado por Ti.
Quando, porém, um cristão for julgado ou castigado
Ele não será condenado com os descrentes.

Senhor, Paulo lhes deu essa última exortação acerca da comunhão
Que, quando se unirem à mesa do Senhor,
É aconselhável esperar uns pelos outros.
Se alguém estiver com fome, que coma em casa;
Assim, o momento da comunhão não levará

O castigo e julgamento a ninguém.
Paulo disse que falaria a respeito de outros problemas com eles
Quando chegasse a Corinto.

Amém.

Instrução Acerca dos Dons Espirituais

1 Coríntios 12:1-31

Senhor, Paulo quer que os coríntios saibam a respeito
    Dos dons espirituais que o Espírito Santo deu a cada um.
Antes de serem salvos, escolhiam vários ídolos
    Que não tinham poder para falar uma só palavra.
Nos dias de hoje, existem pessoas na igreja dizendo
    Que são capazes de trazer mensagens do Espírito de Deus.
Como posso saber se essas mensagens vêm de Ti,
    Ou se o que estão dizendo é invenção?
Paulo fez a primeira análise – eles não podem afirmar
    Que recebem uma palavra de Ti se amaldiçoam a Ti.
A segunda análise foi que, quando proclamam que "Jesus é o Senhor",
    Estão usando a Tua mensagem.

Senhor, Tu deste diferentes tipos de dons espirituais,
    Mas todos vêm do Espírito Santo.
Os dons espirituais atuam de várias formas,
    Mas é o mesmo Espírito de Deus que trabalha em todos nós.
Além disso, os nossos dons espirituais se manifestam de forma diferente
    Nas pessoas, porque o Espírito de Deus
Usa-nos segundo aquilo que entregamos a Ti,
    Pois Tu és o mesmo Deus que trabalha em cada servo Teu.

Senhor, Tu dás diferentes dons a diferentes pessoas
   De acordo com Teus propósitos divinos.
Dás a uma pessoa o dom de pregar
   Com grande sabedoria para que o povo entenda a Tua mensagem.
  A outra, dás o dom de ensinar
   Com grande sabedoria para que o povo perceba muitas coisas
   Na Palavra de Deus.
A outra, dás fé para mover a montanha
   E a outra, dás a oração da fé
Para curar os enfermos do pecado e da doença.
  A outra, dás o dom de operar milagres,
E a outra pessoa, o poder para pregar e ensinar.
  Algumas têm o dom de reconhecer falsos espíritos,
Outras têm o dom espiritual de falar em línguas,
   E há aquelas que as interpretam.
O Espírito Santo dá todos esses dons espirituais
   A diferentes pessoas, como Ele decide.
Os cristãos, portanto, têm a capacidade de usar esses dons
   Para dar frutos na vida do próximo.

Senhor, assim como um corpo humano tem muitas partes,
   Mas todas as partes formam um só corpo.
   Assim é a igreja – O Corpo de Cristo;
   Temos muitos membros diferentes, mas um corpo.
   Todos batizados no Corpo de Cristo.
   Alguns judeus e alguns gentios,
     todos recebemos a mesma salvação.

Senhor, assim como o corpo humano tem muitos membros;
   Se o pé disser: "Porque não sou a cabeça,
   Não pertenço ao corpo", isso não faz diferença alguma,
   Isso não faz dele um ser com menos membro no corpo.
Se a orelha dissesse: "Eu não sou o olho,

    Não pertenço ao corpo",
    Isso não significaria nada.
Se todo o corpo fosse olho,
    Como eu poderia ouvir alguma coisa?
Se todo o corpo fosse ouvido,
    Como eu sentiria o cheiro das coisas?
Pois Tu desenhaste os diferentes membros do corpo.
    Se todos os membros fossem o mesmo,
Como o corpo funcionaria?
    Assim, há muitos membros,
    Mas, ainda, um só corpo.
O olho não pode dizer à mão:
    "Não preciso de você".
Nem a cabeça pode dizer aos pés:
    "Não preciso de vocês".

Senhor, eu sei que todo membro do corpo é necessário,
    Os membros que parecem mais fracos
    São os mais indispensáveis,
E os membros que parecem menos admiráveis
    Estão entre os mais necessários para a função do corpo.
E os membros que são mais bonitos
    Parecem ser os menos essenciais para vida.
Sabemos que Tu deste aos membros que possuíam menos
    importância
    Mais dignidade que os outros.
Pois, o corpo funciona junto, como um todo,
    Todos os membros tendo o mesmo cuidado uns pelos outros,
    Assim como são consigo mesmos.
Se um membro sofre, todos os outros sofrem juntos;
    Se um é honrado, todos se alegram com ele.
Senhor, eu sou membro do Corpo de Cristo,

Mas o meu dom é diferente de todo mundo.
O primeiro lugar é dado aos apóstolos; o segundo, aos profetas;
  O terceiro, aos mestres; em seguida, aos que operam milagres.
Depois, aos que têm o dom da cura, da ajuda e da liderança
  E o último da lista é aos que falam em línguas.
São todos apóstolos? São todos profetas? São todos mestres?
  Ou têm todos o dom de realizar milagres e curas?
Falam todos em línguas?
  Todos interpretam?
  A resposta a essas perguntas é "não"!
Senhor, buscarei com dedicação os melhores dons,
  Mas eu sei que o amor é o melhor dentre todos os dons.

  Amém.

Maior é o Amor

1 Coríntios 13:1-13

Senhor, se eu falar com a eloquência de grandes homens,
  Ou se eu falar a língua dos anjos,
Mas não tiver amor, estarei emitindo apenas barulho
  Como o sino que ressoa ou o prato que retine.
  Se eu puder ver o futuro ou entender Teus mistérios,
Ou se eu souber de tudo, ou tiver fé parar mover as montanhas,
  Mas não tiver amor, não conquistarei nada na vida.

Senhor, ajuda-me a expressar o meu amor com paciência,
  E encontrarei maneiras de ser bondoso.
Ajuda-me a nunca ter inveja dos outros,
  Nem me vangloriar ou me orgulhar.
  Ajuda-me a não ficar irritado ou ressentido,

Quero que meu amor supere os erros dos outros;
    Quero me alegrar com a vitória do meu próximo.
    Ajuda-me a amar o meu próximo haja o que houver,
    Faça que minha esperança se fortaleça e meu amor nunca se esmoreça.
    Que meu amor sobreviva a tudo na vida,
    Porque sei que o verdadeiro amor nunca perece.

Senhor, sei que o dom da profecia desaparecerá,
    O dom de línguas cessará
E o conhecimento passará,
    Pois este é finito e imperfeito,
    Porque em parte profetizamos nesta terra.
Mas quando formos perfeitos e completos na Glória,
    Esses dons não mais serão necessários.
Quando eu era criança, eu pensava como criança
    Falava como criança
E meu mundo era tão pequeno quanto o mundo de uma criança.
    Hoje, só vejo as coisas obscuras
    Pelos vitrais das janelas.
Mas quando eu vir Jesus face a face
    Entenderei todas as coisas plenamente.
Agora meu conhecimento é parcial e imperfeito,
    Mas, depois, conhecerei a Jesus
    Como Ele perfeitamente me conhece.

Senhor, existem apenas três coisas
    Nesta terra que durarão:
    Fé, esperança e amor, mas dentre esses, maior é o amor.

                Amém.

Instruções Acerca do Dom de Línguas

1 Coríntios 14:1-40

Senhor, quero que o amor seja o meu maior dom espiritual,
 Mas quero também os outros dons espirituais,
 Especialmente o da profecia.
Os que têm o dom de línguas falam com Deus,
 Mas os que profetizam falam com o povo.
Ninguém entende aquele que fala em línguas,
 Porque falam os mistérios do Espírito.

Contudo, os que profetizam ajudam o próximo a crescer em Cristo.
 Motivando e instruindo-os.
Quem tem o dom de línguas edifica a si mesmo,
 E quem profetiza edifica a igreja.
Paulo, entretanto, queria que todos os coríntios
 Tivessem o dom de línguas, mas
 Preferiria que soubessem profetizar.
A não ser que ninguém se edificasse
 Com o dom da interpretação junto com o de línguas.

Senhor, Paulo disse aos coríntios que se falasse apenas em línguas,
Eles nada de novo aprenderiam,
 Nem seriam inspirados ou instruídos.
Paulo usou o instrumento musical como exemplo;
 Se uma harpa ou flauta tocasse apenas uma nota,
As pessoas não diferenciariam de uma nota para outra,
 Não saberiam dizer o que estava sendo tocado.
Se ninguém reconhecesse o som da trombeta
 Quem estaria pronto para a batalha?
 Se as línguas não emitirem uma mensagem compreensível,
 Alguém saberá o que está sendo dito?

As pessoas estarão simplesmente jogando palavras ao vento.
Há diferentes línguas neste mundo
   Que são inteligíveis para os que a conhecem,
   Mas não fizeram sentido para Paulo.
Ele disse que quem fala uma língua diferente
   É estrangeiro para ele, e ele é o mesmo para essas pessoas.
Paulo quer os mesmos princípios aplicados aos coríntios:
   "Procurem crescer nos dons que trazem a edificação para a igreja".

Senhor, Paulo lhes disse que se usarem o dom de línguas,
   Que peçam a alguém para interpretar o que está sendo dito.
Paulo disse que se ele falasse em línguas na oração,
   Seu Espírito estaria orando a Deus,
   Mas não saberia o que estaria dizendo.
Para resolver esse problema, Paulo disse que oraria em línguas
   E que oraria na língua terrena,
   Para que todos entendessem e orassem junto com ele.
Paulo adora a Deus em línguas, mas também na língua terrena,
   A fim de que todos entendam o que ele está fazendo.
Como a igreja pode se unir a nós em adoração
   Se as pessoas não entendem o que estamos dizendo?
   Não importa quão bem você fale, a igreja não se edifica.
Paulo agradeceu a Deus por ter dentre todos os dons
   Um dos maiores, o de línguas,
Mas na igreja ele preferia falar palavras compreensíveis
   A ter que falar dez mil palavras que ninguém entenderia.
Ele os exorta a não serem crianças,
   Mas adultos nesse assunto.

Senhor, a Escritura diz: "Por meio de homens de outras línguas
   E por meio de lábios de estrangeiros
   Falarei a este povo,
   Mas, mesmo assim, não me ouvirão".

Vemos que as línguas estranhas são um sinal para os infiéis,
    Não para os fiéis;
Enquanto a profecia é um sinal para os fiéis,
    E não para os infiéis.
Senão um visitante que fosse à reunião de alguma igreja
    Pensaria que todos são loucos,
    Porque estariam falando palavras ininteligíveis.
Mas se o visitante ouvisse todos dando
    Uma mensagem que pudesse entender,
    Ele provavelmente se convenceria do que estivesse ouvindo.
Os seus pensamentos secretos seriam revelados.
    Assim, ele se prostraria, clamando a Ti,
    Dizendo: "Deus realmente está entre a igreja".

Senhor, Paulo concluiu com base nas explicações antes mencionadas que:
    Quando a igreja se reúne, alguns cantarão,
    Outros pregarão, outros compartilharão do que Deus lhes havia dito.
Alguns usarão o dom de línguas, outros interpretarão,
    Mas devem fazer o que for edificante a todo mundo,
    Fortalecendo a todos espiritualmente.
Alguns discordarão com o que Paulo lhes disse;
    Ele perguntou: "Acaso o conhecimento de Deus
    Começa e termina com vocês?" De modo algum!
Quem se diz ter o dom da profecia,
    Ou algum dom especial do Espírito Santo,
    Precisa entender que Paulo está levando os Teus mandamentos.
Paulo disse que se alguém discordar
    Ele não será reconhecido pela igreja.

Para concluir esse assunto, Paulo disse aos coríntios
    Para buscar o dom da profecia, de maneira que
    Possam explicar a Palavra de Deus de forma zelosa.

Não proibindo o dom de línguas,
Fazendo tudo com decência e ordem.

Amém.

Ressurreição de Cristo

1 Coríntios 15:1-58

Senhor, Paulo avisou os coríntios sobre o conteúdo do Evangelho;
　　Os coríntios aprenderam com este homem a mesma boa-nova,
　　Receberam-na e ficaram firmes.
Esse é o Evangelho que os salvou,
　　A menos que nunca lá no fundo tenham crido.
O primeiro aspecto do Evangelho é que Cristo morreu por nossos pecados,
Assim como nos ensina a Bíblia.
Ele foi morto e, depois de três dias,
　　Ele ressuscitou, conforme a Escritura previa.
Ele foi visto por Pedro e, depois, pelos doze;
　　Não tardou Ele apareceu a 500 ao mesmo tempo.
　　Muitos ainda estão vivos e podem provar que O viu.
Em seguida, Ele apareceu a Tiago, mais tarde a todos os apóstolos;
　　Por fim, apareceu a Paulo.

Senhor, Paulo disse ser o menos importante entre os apóstolos,
　　Pois havia perseguido a igreja,
　　Não se sentia digno de ser chamado de apóstolo.
Pela graça de Deus, ele viu que era um apóstolo
　　E que seu ministério estava dando frutos.
Paulo disse que se esforça mais do que os demais apóstolos,
　　Mas foi Tua graça, e não a dele que o fez prosseguir.
O que era importante? Ele pregava o que os apóstolos pregavam,
　　Ele pregou o Evangelho que salvou os Coríntios.

Senhor, Paulo argumentou se Cristo havia ressurgido dentre os mortos,
   Como podem dizer que não há ressurreição?
Se não há ressurreição dentre os mortos,
   Então, Cristo não ressuscitou,
E se Cristo não ressuscitou dentre os mortos,
   Logo, a pregação de Paulo de nada valeu
   E a fé dos coríntios foi em vão.
Na verdade, Paulo jurou falsamente para Ti e
   Para o Deus celestial,
Porque ele jurou que Tu havias o ressuscitado.
   Pois se os mortos não houvessem sido ressuscitados,
   Então, Cristo não teria sido ressuscitado dentre os mortos.
E se não houvesse ressurreição,
   Os coríntios ainda estariam em pecado,
   E aqueles em Cristo que antes haviam morrido teriam perecido.
Se os frutos para o cristão resumem-se a esta vida apenas,
   Temos uma vida digna de pena.
Mas, na verdade, Cristo *ressuscitou* dentre os mortos,
   E é um dos milhares que viverão outra vez.

Senhor, Paulo ensinou que a morte veio a existir por causa de um homem,
   E a ressurreição passou a existir por causa de um homem.
Como todas as pessoas morreram por meio de Adão,
   Logo, todos os cristãos voltaram à vida por meio de Cristo.
Entretanto, há uma ordem para a ressurreição:
   Cristo ressuscitou primeiro, depois Ele retorna,
   Todos os fiéis já mortos ressuscitarão.
Assim, o fim chegará;
   Cristo exterminará todos os reinos, autoridades e governantes.
Ele destruirá cada um de Seus inimigos, de toda espécie,

Até mesmo o último inimigo: a morte.
E os que não forem salvos ressuscitarão
   Para o encontro com o juiz: Jesus Cristo,
Que os castigarão segundo cada pecado cometido.
   Quando Cristo, por fim, vencer tudo,
   Ele se submeterá a Tua autoridade,
   Para que sejas supremo sobre todas as coisas.

Senhor, se os mortos não ressuscitarem no futuro,
   Para que passarmos pelo mesmo
   Batismo que eles?
Por que alguém seria batizado
   Se não acredita que se pode ressuscitar?

Senhor, Paulo disse que não se arriscaria mais
   Se não existisse ressurreição.
Disse que não enfrentaria a morte todos os dias e lutaria contra
   feras
   Se tudo que conseguisse lá em Éfeso
   Fosse recompensado aqui nesta terra.
Se não houvesse ressurreição,
   Nem precisaríamos comer e beber,
   Porque morreríamos de qualquer modo no fim.

Senhor, Paulo disse àquele povo para não se desviar do caminho,
   Paulo disse: "As más companhias corrompem os bons costumes".
Paulo disse que alguns nem eram cristãos
   E se envergonharam com o que ele tinha a dizer.

Senhor, Paulo veio com as seguintes perguntas: "Como ressuscitarão os mortos?".
   E "Com que tipo de corpo virão?".
Paulo disse que as respostas estão na natureza; primeiro, a
   semente

Precisa ser plantada e depois morrer ao solo,
   Para que surja uma nova vida.
Não é o que semeamos que vem à vida,
   Planta-se uma semente
   E uma nova e vistosa planta nasce da terra.
Uma simples planta é plano de Deus,
   Quando nasce, tem a mesma duração da semente que foi plantada.
Nem toda carne é do mesmo tipo:
   Existe a carne humana e a animal,
   Os peixes possuem também a sua, assim como os pássaros.
Os anjos do céu creem que têm forma,
   Mas seus corpos são diferentes dos nossos.
O esplendor de seus corpos celestiais
   São totalmente diferentes dos humanos.
O Sol, a Lua e as estrelas, cada com seu esplendor,
   E cada um se difere do outro.
Essas são as formas do nosso corpo terrestre,
   Que são plantados na terra para morrer ou perecer.
Mas renascerá para nunca mais perecer;
   O que foi plantado em desonra e fraqueza
   Ressuscitará em glória e poder.
Sim, o fraco corpo terreno será sepultado,
   Mas o novo será natural e espiritual quando for levado aos céus.
Tal como a alma é consagrada à carne terrena,
   Teu eterno espírito estará vivo em nosso novo corpo.
O primeiro homem – Adão – tornou-se um ser vivente,
   O último Adão – Cristo – transformou-se em espírito vivificante.
O primeiro – Adão – tinha a alma,
   O último – Cristo – fez-nos espíritos eternos.
O primeiro homem era feito do pó da terra,
   O segundo, viria do céu.
Os homens semelhantes à imagem do corpo de Adão

Foram feitos do pó da terra.
Os homens que nasceram outra vez pelo espírito de Cristo
    Terão um corpo celeste como o de Cristo no céu.
Tal como somos semelhantes a Adão,
    Um dia seremos semelhantes a Cristo.

Senhor, sei que o corpo e o sangue não podem entrar no reino de Deus,
    Porque nosso corpo perecível não durará para sempre.
É um magnífico mistério, nem todos irão morrer,
    Mas todos que crerem serão transformados.
Acontecerá rapidamente, em um abrir e fechar de olhos;
    Quando a última trombeta soar,
Os que morrerem em Cristo ressuscitarão,
    E a vida será transformada.
O corpo perecível se tornará imperecível
    E nossa morte natural, imortal.
Assim, se cumprirão as Escrituras:
    "A morte foi destruída pela vitória.
    Onde está, ó morte, a sua vitória?
    Onde está, ó morte, o seu aguilhão?"

Senhor, o pecado é o aguilhão da morte,
    E a força do pecado é revelada por Tua lei.
Mas, dou graças pela vitória sobre o pecado,
    Por meio do nosso Senhor Jesus Cristo.

Senhor, farei o que Paulo nos fala em Coríntios,
    nunca desistirei ou aceitarei a derrota.
Serei sempre dedicado à obra do Senhor,
    Sei que meu trabalho não será em vão;
    Fortalecei-me conforme a Tua ressurreição.

                Amém.

Saudações e Despedidas

1 Coríntios 16:1-24

Senhor, Paulo escreveu em Coríntios sobre os cristãos carentes,
    Dizendo aos leitores para manterem a coleta para o povo de Deus;
    Fazendo a mesma coisa que ordenou às igrejas na Galácia.
A cada domingo, pedia-se para separar uma quantia de dinheiro
    Conforme a renda de cada um,
    De modo que Paulo não precisasse fazer as coletas.
Paulo tinha planos de enviar essas ofertas a Jerusalém,
    Com as pessoas escolhidas pelos coríntios.
    Aqueles que mandarem as ofertas poderão acompanhar Paulo na viagem,
    Se parecer conveniente a fazer.
Paulo disse-lhes que iria a Corinto
    E permaneceria por lá até o inverno
    E, logo após, visitaria o norte da Grécia.
Paulo não queria apenas "parar" para uma visita,
    Ele gostaria de passar um tempo com eles,
    Se essa fosse "a vontade de Deus".

Senhor, a porta ampla e promissora foi aberta a Paulo em Éfeso,
    E decidiu, então, permanecer até o Pentecostes,
    Mas sabia que haveria muitos adversários.

Senhor, Paulo pediu aos Coríntios para receber Timóteo de bom grado,
    Quando fosse visitar Corinto,
    Para que ele fizesse a Tua obra.
Paulo dirigiu-se a eles para que ninguém desprezasse Timóteo,
    Mas que o abençoasse e enviasse de volta para ele.
    Paulo suplicou a Apolo para ir a Corinto,
    Mas Apolo não quis ir de jeito nenhum;
    Entretanto, irá, quando tiver uma boa oportunidade.

Senhor, sei muito bem sobre os perigos da minha fé
    E serei forte para enfrentá-los.
Estou determinado a colocar amor
    Em tudo que eu fizer.

Senhor, Paulo lembrou aos Coríntios como a família de Estéfanas,
    Que foram os primeiros fiéis em Corinto,
    Cooperaram com nossos irmãos em Cristo.
Paulo queria que os coríntios ajudassem as famílias,
    Já que se dedicavam a esse serviço.
Paulo disse que Estéfanas, Fortunato e Acaico
    Chegariam a Corinto.
Eles encorajaram Paulo em Éfeso;
    Paulo queria que o povo valorizasse homens como esses.

Senhor, Paulo enviou saudações dos Coríntios para Áquila e Priscila,
    Pois a igreja reunia-se na casa deles dois;
    Todos os fiéis em Éfeso enviaram saudações.
Paulo enviou sua calorosa saudação,
    Desejando que se sentissem abraçados por ele.
Paulo disse: Se alguém não Te ama, Senhor,
    Este será amaldiçoado.
Paulo ora: "A graça do Senhor Jesus seja com vocês",
    "Recebam o amor que tenho por todos vocês em Cristo Jesus".
    "Maranata, vem, Senhor."

                Amém.

2 Coríntios

História de como foi escrita a segunda carta aos coríntios

Data: 60 d.C. Escrita em Filipos, Norte da Grécia. Escrita por Paulo

Tito chegou de Corinto trazendo-me notícias sobre a igreja coríntia. Minhas cartas anteriores foram inflexíveis e condenatórias. Os coríntios receberam minha carta como se fosse de Cristo. Aqueles que estavam em pecado arrependeram-se. Eu precisava dessa boa-nova.

Quando lhes escrevi a primeira carta, estava em meio a um avivamento em Éfeso, Turquia, e não podia deixar – pelo menos foi o que pensei. Mas havia um grande tumulto em Éfeso, e os cristãos insistiram que eu fosse embora a fim de preservar minha segurança. Em suma, eu tive que sair correndo de lá.

Ao invés de uma viagem calma até Filipos, onde eu poderia orar e organizar meus pensamentos, meu espírito foi perturbado ainda mais por uma tempestade cruel. Eu estava arruinado, mas cheguei a Filipos com vida.

Mesmo antes de chegar lá, fui assaltado e espancado: não é de se admirar que muitos duvidaram se eu seguiria a vontade de Deus a esse ponto.

A igreja em Filipos era uma das minhas favoritas. Eu havia levado Lídia a Cristo, uma mulher que negociava tecido. O carcereiro filipense e sua família também estavam na igreja. Não importa onde eu tenha ido, essa igreja tem continuado a me sustentar financeiramente.

Segunda Carta aos Coríntios

Eu e Tito nos sentamos no pátio da vila de Lídia onde ele me contou sobre o que estava acontecendo em Corinto. O avivamento que deixei em Éfeso parecia não surtir efeito em Corinto. Minha carta trouxe arrependimento – a igreja passou noites inteiras em oração – implorando constantemente a Deus que a perdoasse.

Senhor, perdoa-me por minha falta de fé na igreja de Corinto. Tu fizeste muito e abundantemente acima de tudo que eu poderia pedir ou pensar para os cristãos em Corinto.

Tito e eu conversamos sobre Corinto por muito tempo. Os empregados de Lídia nos trouxeram tudo de que precisávamos, mas, o mais importante é que não nos interromperam. Eles viram que eu estava escrevendo – notas para minha segunda carta – ou estávamos orando.

Após dois dias de alívio e recuperação de minhas forças, Timóteo chegou. Nós três tivemos momentos maravilhosos de oração.

Eu queria escrever aos coríntios para que soubessem que a carta que me escreveram foi importante, mas que havia algo maior que as palavras no papel. Eu lhes lembrarei: "Vocês são minha epístola escrita em meu coração, sabida e lida por todas as pessoas".

Em seguida, eu quis escrever e dizer-lhes para receber de volta o irmão em pecado, pois ele estava arrependido. Sim, seus pecados eram grandes, mas por ele ter se arrependido e implorado perdão, era dever dos coríntios recebê-lo de volta em plena comunhão.

Eu decidi começar a segunda carta aos coríntios com o tópico do consolo. Eu queria que soubessem que o Deus de todo o consolo é Aquele que estava me consolando agora após ter saído correndo de Éfeso, estar arrasado, e ter sido roubado. Ele é o mesmo Deus de consolo que também os consolará em seus problemas. Eu lhes contarei sobre as dificuldades que tive nessa viagem. Espancamentos, assaltos e prisão em um lugar onde não havia comida.

Quero que saibam que perdoo o irmão pecador, porque não estava claro para mim se haviam perdoado seu irmão. Eu os lembrarei de que satanás tirou vantagem de nós por nossa falta de perdão.

Ao longo desta carta lembrarei aos coríntios que satanás está sempre atacando e eles "devem estar cientes de suas artimanhas e truques". Eu continuarei a lembrá-los "Que satanás invade sua assembleia com ensinadores que negam o Evangelho". Eu os lembrarei de que os demônios podem possuir aqueles que afirmam ser ministros do Evangelho. Escreverei: "Cuidado com os falsos mestres".

Eu os reconheci em sua carta para mim que os coríntios ainda tinham problemas com o entendimento espiritual. Eu lhes escrevi em minha primeira carta que o povo perdido não tinha discernimento espiritual. Nesta carta eu irei lembrá-los de que "o deus deste mundo cega as mentes daqueles que não creem".

Então eu lhes direi que os judeus perdidos têm uma cegueira dupla. A primeira é a cegueira espiritual pela qual não conseguem entender a mensagem do Evangelho de Jesus Cristo, porque não foram salvos. Mas os judeus têm uma segunda cegueira relativa ao juízo, porque Deus os julgou.

Os judeus disseram a Pilatos: "Seu sangue está sobre nós e nossos filhos". Ao rejeitarem oficialmente Jesus Cristo, Deus os julgou com cegueira espiritual, Isaías previu essa cegueira ao afirmar: "Ao ter olhos para ver, eles não enxergaram..." Isso significa que os judeus são impedidos de ver, quando ouvem a mensagem de Jesus Cristo dita em suas sinagogas.

Eu lhes escreverei: "Quando o Antigo Testamento é ensinado nas sinagogas, os judeus ficam cegos aos ensinamentos de Jesus com um véu em torno dos olhos, da mesma forma que Moisés teve de colocar um véu em torno do rosto após ter visto o Senhor no Monte Sinai".

Nesta carta, eu lembrarei aos coríntios mais uma vez sobre dar dinheiro para a coleta que estou fazendo para os santos pobres em Jerusalém. Eu os lembrarei de que trabalhei muito na loja de Áquila e Priscilla fazendo tendas então eu não seria um peso financeiro para eles. Por isso eu posso afirmar. "Já que trabalhei entre vocês; eu tenho o direito de pedir que deem dinheiro para os santos pobres em Jerusalém".

Uma última coisa de que os coríntios precisam entender é que devem ser separados da lascívia do mundo. Eu os lembrarei de que seus corpos são o templo de Deus e que Deus não mora mais no templo em Jerusalém, mas continua morando em seus corações.

Por isso eu escreverei aos coríntios: "Saiam dentre as coisas mundanas e fiquem separados, e não toquem as coisas impuras para que Deus possa usá-los".

Esta carta deve ser não apenas afetuosa, mostrando minha fraqueza física, cansaço e dor, mas também conciliatória, para que recebam de volta as pessoas que foram banidas. E, se necessário, eu quero que saibam que ainda posso ser severo se permanecerem em pecado, quando eu chegar em Corinto.

Eu me sentei no belo jardim de Lídia para ditar esta carta aos coríntios. Tito sentou-se em uma grande mesa de banquete para escrever. Ele estava com pilhas de papel, caneta e tinta diante de si. Timóteo, que era pastor do povo de Corinto, sentou-se próximo a mim quando comecei. "Paulo e Timóteo aos fiéis de Corinto..." A parte de que mais gostei de escrever foi sobre encorajamento; assim como Deus me encorajou, poderia encorajá-los também. Por quê? Porque Ele é "Deus da misericórdia e encorajamento".

Sinceramente em Cristo,
Apóstolo Paulo.

Orações baseadas na segunda Carta aos Coríntios

Saudações à Igreja

2 Coríntios 1:1-24

Senhor, foi Tua vontade que Paulo e Timóteo escrevessem
    Aos fiéis da igreja de Corinto
    E a todos os cristãos no estado vizinho
Que eu possa ter graça e paz em minha vida
    Que vem de Ti, Pai celestial, e do Senhor Jesus Cristo.

Senhor, eu Te louvo por me incentivares
    Porque Tu és o Pai do Senhor Jesus Cristo.
    E Tu és o Deus da misericórdia e do incentivo.
Eu quero incentivar as pessoas em tribulação.
    Com o mesmo incentivo que Tu me deste.
Quando estou muito ferido em todas as áreas da vida.
    Tuas promessas me incentivam muito.

Senhor, Paulo disse que seu sofrimento foi pelos Coríntios.
    Para que fossem salvos e crescessem na graça.
Paulo estava ferido ao mesmo tempo.
    Os coríntios estavam com muita dor
E como Deus estava incentivando Paulo a continuar no ministério.
    Então Deus incentivaria os Coríntios
    A permanecerem firmes em sua fé.
    Paulo estava confiante que os coríntios continuariam firmes.
    Apesar de, agora, estarem sofrendo.
    Porque foram incentivados por Ti.

Senhor, Paulo não queria omitir suas tribulações.

Para que não ignorassem o que estava acontecendo.
Que ele sofreu grandes pressões na Ásia,
   As maiores que já teve na vida,
   Tantas que Paulo achou que fosse morrer.
Paulo sabia que podia ser morto.
   Mas ele não estava confiando na libertação terrena.
   Paulo confiou em Ti para ressuscitá-lo, se morresse.
Paulo alegrou-se que Tu o libertaste da ameaça da morte.
   E Paulo sabia que Tu libertarias os Coríntios.
Paulo reconheceu que o dom de sua libertação
   Veio por meio das orações de vários coríntios
   E agora eles merecem crédito por sua intercessão.

Senhor, eu sempre seguirei a orientação da minha consciência
   De tratar a todos com gentileza e acima de fronteiras
   Sem segundas intenções egoístas
Eu dependo de Ti para me ajudar.
Foi dessa forma que Paulo agiu em relação aos Coríntios.

   As cartas de Paulo foram direto ao assunto.
Ele não usou sabedoria mundana com elas;
   Paulo não escreveu nada que eles não conseguissem entender.
Ele se deu conta de que eles não o conhecem bem
   Mas quer que o aceitem porque,
Quando o Senhor Jesus voltar, eles ficarão felizes em conhecê-lo,
   Da mesma forma que Paulo.

Senhor, Paulo disse-lhes que seu plano original era visitá-los
   Antes de ir para o norte da Grécia
   E depois voltar para eles após sair do norte da Grécia
Paulo queria abençoá-los com seu ministério,
   Depois seguir seu caminho para a Judeia.
Então Paulo achou que eles pudessem duvidar de suas intenções
   Porque ele não foi até eles.

Paulo não queria que eles pensassem assim
    Ele não consegue compor sua mente
    Paulo lembrou-lhes: "Deus quer dizer o que Ele diz,
    Deus não diz 'Sim' quando Ele quer dizer 'Não'";
    Paulo sabia o que Tu querias que ele fizesse.

Senhor, Tu tens um plano para minha vida;
    Tu cumpres inteiramente Tuas promessas feitas a mim,
    Não importa quantas promessas existam.
Eu direi a todos que Tu és fiel.
    Amém, glória ao Teu nome.

Senhor, Tu me ajudaste a ser fiel
    E tens me dado a responsabilidade de divulgar o Evangelho.
Tu colocaste Teu selo – Tua marca de propriedade – em mim.
    E Tu me deste o Espírito Santo em meu coração
    Como promessa das bênçãos que estão por vir.

Senhor, Paulo declarou a Ti que não foi até Corinto
    Porque não queria repreendê-los em pessoa
    Ou entristecê-los ou envergonhar.
Paulo disse que não é seu ditador
    Para lhes dizer o que devem fazer.
    Ele é um trabalhador como eles
    Para fazê-los felizes e firmes na fé.

                Amém.

Perdoe o Pecador

2 Coríntios 2:1-17

Senhor, Paulo disse aos coríntios que decidiu não visitá-los
    Porque seria doloroso para eles.
Ele sentiu que não era prudente tornar infelizes

    Aqueles que lhe deram alegria;
    E ele não podia estar feliz se eles também não estavam
Paulo explicou que detestou escrever a carta anterior
    Ele sofreu profundamente ao expor seus pecados
Ele não escreveu para magoá-los.
    Mas ele teve de lidar com seus pecados
    Porque os amava muito.
Os homens sobre quem Paulo escreveu causaram muita angústia
    Então Paulo teve de repreender todos eles
    Porque permitiram que o pecado existisse em seu meio.
Paulo lhes disse que a punição de um homem era suficiente.
    Ele queria que o perdoassem e o recebessem de volta,
    Caso aquele homem pudesse se tornar melhor e cedesse.
Paulo lhes implorou para mostrar ao homem que
    Eles ainda o amavam.

Senhor, Paulo explicou que sua última carta os testou
    Para ver se eram completamente obedientes.
Paulo disse que perdoou a todos que perdoaram.
    Com base na autoridade dos ensinamentos de Cristo.

Quando eu perdoei, satanás não tirou vantagem de mim
    Pois não ignoro sua estratégia;
    satanás quer me desanimar e derrotar.

Senhor, Paulo falou a eles sobre a porta aberta
    Em Trôade para pregar o Evangelho,
    Mas Tito não estava lá com ele.
Porque Paulo estava preocupado com a segurança de Tito,
    Ele foi procurar por ele no Norte da Grécia.

Senhor, eu Te agradeço por me ajudar a triunfar em Cristo,
    E por me usar, quando prego o Evangelho
    Como uma doce fragrância para motivar as pessoas a serem salvas.

Eu quero ser Tua fragrância onde quer que eu vá,
   Tanto para aqueles que estão sendo salvos,
   Quanto para aqueles que recusam a salvação.
Porque o pecado tem o cheiro da morte que leva ao julgamento,
   E a doce fragrância do Evangelho leva a vida,
   Senhor, ajuda-me a espalhar Tua influência em todos os lugares.
Por isso vou a todos os lugares para espalhar o Evangelho.
   Eu falarei com integridade e poder.
Eu não Te servirei, Senhor, por dinheiro,
   Como alguns estão no ministério em troca de salário;
Porque Tu me enviaste para falar por Ti,
   Eu ministrarei em Tua presença.

Amém.

Instrução Sobre o Ministério

2 Coríntios 3:1-18

Senhor, Paulo disse que não precisava recomendar-se
   Como outras pessoas que precisavam de uma carta de recomendação,
   Quando iam encontrar pessoas novas.
   A mudança nos corações dos Coríntios
Foi a carta de recomendação de Paulo.
   A igreja dos coríntios é a carta escrita por Cristo,
   Não com tinta de caneta ou gravada na pedra,
   Mas escrita pelo Espírito do Deus Vivo.

Senhor, nenhum de nós deve se vangloriar sobre os resultados do nosso ministério,
   Mas devemos ter nossa confiança em Cristo
   Porque nossa capacidade vem de Ti.
Tu fizeste de mim ministro do Novo Testamento

Que não é um contrato legal escrito,
Mas sim a transformação interna do Espírito Santo,
Teu mandamento escrito me diz que morrerei
   Se tentar manter a Lei para ser salvo,
   Mas o espírito me dá vida eterna.
Ainda assim, o rosto de Moisés brilhou quando foi dada a ele
   O mandamento que levou à morte.
Seu rosto tinha um brilho tão intenso
   Que os israelitas não conseguiam olhar para ele.
Eu terei um brilho muito maior,
   Quando divulgar o Evangelho pelo Espírito Santo.
Se o dom da Lei foi glorioso,
   Quão mais glorioso é dar a graça de Deus?
Na verdade, a Lei que achávamos que tinha tão grande esplendor
   Agora não parece ter nenhum
   Comparado ao esplendor de Jesus Cristo.
E se a Lei que era temporária tinha algum esplendor,
   Quão mais gloriosa é nossa esperança divina
     Em Teu plano eterno de salvação?
Já que eu sei que este novo esplendor nunca cessará,
   Quão mais ousado eu posso falar por Ti?

Senhor, Moisés teve de pôr um véu sobre seu rosto
   Para que os israelitas não vissem seu rosto brilhando,
Até hoje o véu está sobre as mentes dos judeus em todos os lugares
   Para que, quando o Antigo Testamento fosse lido,
     Eles não conseguissem entender o que estão lendo.
Mas, quando os judeus se voltam a Ti, o véu é levantado de seus corações
   Para que consigam entender Tua mensagem.

Agora Senhor, Teu Espírito Santo está trabalhando nos corações,
   E, quando o Espírito trabalha em minha vida

Existe liberdade para entender Tua verdade.
Agora eu, com o rosto descoberto, olho para Cristo
  Para ver Seu brilho refletido
  No espelho da Palavra de Deus.
E constantemente, sou transformado na imagem de Jesus Cristo
  Pela obra do Espírito, que é o Senhor.

Amém.

Instrução Sobre o Ministério (Continuação)

2 Coríntios 4:1-18

Senhor, porque me deste um grande ministério
  Que eu não mereço,
Eu não vou me expressar com falsidade
  Ou ocultar a verdade.
Não usarei artifícios ou interpretarei a Bíblia
  De acordo com minha própria inclinação.
  Mas declararei Tua verdade a todos
  Para que possam entender Tua Palavra.

Senhor, sei que as pessoas perdidas são espiritualmente cegas,
  Elas não conseguem entender o Evangelho.
satanás cegou seu entendimento espiritual
  Para impedir que elas entendam o Evangelho glorioso,
Elas não conseguem ver Jesus Cristo,
  Que é a Tua imagem, na Escritura.
  Eu não promoverei a mim ou minha reputação,
Pregarei Jesus Cristo, o Senhor,
  E servirei àqueles que estou tentando ajudar;
Pois Tu que ordenaste à luz que brilhasse na escuridão,
  Tens feito Tua luz brilhar em meu coração
  Para que eu veja Tua glória em Jesus Cristo.

Senhor, eu tenho o tesouro de Jesus Cristo
    Em meu corpo humano frágil,
Para que as pessoas de fora vejam Teu poder
    E saibam que ele não vem de minha fraqueza.
Eu tenho tribulações onde quer que vá.
    Mas não estou aflito;
    E não desisto.
Eu sou perseguido, porém não abandonado por Ti;
    Eu sou derrubado, mas não destruído.
Enfrento a morte todos os dias, mas sirvo a Cristo Jesus
    Que morreu por pecadores como eu.
Minha vida é renovada todos os dias para que outras pessoas
    Possam ver a vida de Cristo brilhando por mim.
Eu sempre enfrentei a ameaça da morte
    Para que outras pessoas possam ver a vida de Jesus em mim.
Eu quero a fé que é descrita na Escritura,
    "Eu falo o que creio",
Que minha vida reflita o que eu falo. Que eu possa dizer em que
    acredito.
    Porque da mesma forma que Tu elevaste o Senhor Jesus dos mortos,
    Elevar-me-ás nos últimos dias.

Senhor, Paulo disse que sofreu, para que eles pudessem ser salvos,
    E para que Cristo seja glorificado,
    Paulo Te agradecerá mais e Te glorificará mais.
É por isso que Paulo não desistiu
    Mesmo quando seu corpo exterior estava ferido,
    Seu desejo interior era forte para Te servir.
Paulo disse que suas pequenas tribulações morrerão,
    Mas esse curto tempo de sofrimento
    Resultará em Tua bênção para ele e eles.

Senhor, eu não olharei para meus sofrimentos presentes,
    Mas estarei ansioso para ser feliz no Paraíso,

Porque as coisas que vejo na terra duram apenas um curto
período,
Mas as coisas que não posso ver com meus olhos físicos
São eternas – elas duram para sempre.

Amém.

Nossos Corpos Agora e no Paraíso

2 Coríntios 5:1-21

Senhor, eu sei que se meu corpo terreno morrer
    Tu tens um corpo espiritual para mim no Paraíso,
    Um corpo eterno feito apenas por Ti.
Neste corpo presente eu me lamento
    Enquanto espero meu corpo espiritual,
Pois não sou meramente um espírito sem corpo
    Porque todas as pessoas têm um corpo físico.
Ainda assim, eu me lamento e canso neste corpo,
    Mas é melhor que não ter corpo algum.
Ainda assim, quando eu chegar ao Paraíso terei um corpo novo,
    E não perderei este corpo,
    Mas ele Será transformado em um corpo eterno.
É este Teu plano para mim
    E Tu garantes isso dando-me o Espírito Santo
    Para viver neste corpo.
Por isso tenho confiança absoluta
    Sabendo que, enquanto habito neste corpo terreno,
    Ainda não estou em Tua presença.
Neste corpo presente eu devo viver pela fé
    Que é obedecer aos Teus princípios,
    Não viver para agradar ao corpo.

Senhor, não tenho medo de morrer porque, quando este corpo morre,
    Vamos imediatamente à Tua presença no Paraíso.
Por isso, meu objetivo é Te agradar em tudo.
    Esteja em um corpo terreno ou em um corpo celestial.
Eu sei que um dia estarei perante Ti para ser julgado
    E tudo que fiz será examinado,
E terei o que minhas ações e pensamentos merecem
    De acordo com as boas ou más ações que cometi.
Senhor, porque eu sei que me julgarás,
    Trabalho muito para ganhar pessoas para Cristo;
Conheces minhas intenções e ações
    E Paulo acrescentou que ele esperava que os Coríntios
    Também soubessem corretamente seus motivos.
Paulo não estava fazendo outra tentativa de se glorificar
    Para os Coríntios, mas dando-lhes motivos
    Para apoiar seu ministério.
Então eles teriam uma resposta para aqueles
    Que constantemente criticavam Paulo.
Ele disse que se estava "sem propósito" ao se defender,
    Era só para Te trazer glória.
E se ele está fazendo um julgamento razoável,
    Foi por amor aos Coríntios.

Senhor, o amor de Cristo me impressiona, quando penso em Sua morte.
    Que Cristo morreu por todos os pecadores.
    Então se Ele morreu por todos, então todos morreram com Ele.
    Para que eu não vivesse mais por mim mesmo
    Mas por Ele que morreu e foi elevado a uma nova vida.
    Por isso, não julgarei mais os cristãos
Pelo que o mundo pensa sobre eles.
    Antes de sua conversão, Paulo julgou Cristo apenas como humano,
    Agora ele O conhece de maneira diferente.

Porque eu recebi Cristo em minha vida
    Tens feito de mim uma nova pessoa em Cristo,
    A antiga vida se foi, agora eu tenho uma vida nova nele.
Minha transformação é obra Tua,
    Estou reconciliado contigo por intermédio de Cristo,
    Agora devo fazer outras pessoas se reconciliarem também.
Eu sei que trabalhaste por meio da morte de Cristo
    Para fazer com que o mundo se reconcilie novamente contigo,
Agora não punirás as pessoas pelos seus pecados,
    Mas os aceita em Cristo.
Agora sou Teu embaixador
    Para proclamar a mensagem da reconciliação,
    Pedindo que as pessoas sejam reconciliadas com Deus,
Porque colocaste minha culpa sobre Cristo, o Único sem pecado,
    E imputas Tua justiça sobre mim
    Para que eu possa estar de pé diante de Ti.

Amém.

Provações no Ministério

2 Coríntios 6:1-18

Senhor, quero ser Teu Companheiro no ministério,
    Quero que todos possam usufruir
    De Tua graça que está disponível para todos os fiéis.
As Escrituras ensinam: "Eu, o Senhor, tenho ouvido
    Meu povo, quando ele precisou de salvação,
    Vim até ele e o ajudei".
Agora é uma boa hora para que todas as pessoas sejam salvas,
    Hoje é o dia da salvação.

Senhor, nada farei para me desacreditar

Para dificultar a salvação das pessoas.
Na verdade, farei o contrário,
Farei de tudo para trazer as pessoas a Cristo.

Senhor, terei paciência para passar pelos sofrimentos
E dificuldades e pressões por Ti.
Estou disposto a ser açoitado, aprisionado,
E a enfrentar desordeiros em fúria por Ti.
Estou disposto a trabalhar muito, ficar sem dormir,
Ou sem comida por Ti.

Senhor, quero ser puro, paciente e gentil,
Amar e ser versado em Teus princípios.
Para que eu possa ministrar no poder do Espírito Santo,
De acordo com a Palavra de Deus;
Coberto com a armadura da justiça de Deus.
Por isso serei fiel à mão direita e à esquerda,
Preparado para honra ou desonra,
Sejam notícias boas ou más.
Eu continuarei a ministrar se for acusado de mentir,
Ou, se as pessoas aceitarem minha apresentação honesta.
Não faz diferença se eu for ignorado,
Ou me tornar conhecido.
Eu também continuarei no ministério se escapar da morte por pouco,
Ou se estiver em um ambiente seguro.

Senhor, as pessoas acham que minha vida é infeliz,
Ainda que eu esteja sempre alegre.
Eles me tratam como se eu fosse pobre e não tivesse nada,
Mas comparado a todas as pessoas,
Sou rico e tenho tudo.

Senhor, Paulo falou muito francamente aos Coríntios,

Ele não escondeu nada deles.
A convicção que eles sentiram veio de seus corações,
  Não veio de Paulo.
Ele disse que lhes falou como a filhos,
  Agora ele quer que eles respondam
  Com entusiasmo e obediência pueris.

Senhor, não vincularei minha vida a decisões
  De pessoas não salvas que me desviarão do caminho;
  Boas intenções não podem tolerar procedimento malfazejo.
Não há acordo comum entre a luz e a escuridão,
  Cristo e o diabo não concordam em nada.
  Não há acordo entre Teu templo e ídolos,
Então não deixarei infiéis controlarem minha vida.
  Eu quero que vivas no corpo do meu templo
  Porque disseste: "Eu morarei entre meu povo,
Da mesma forma que morei no Templo do Antigo Testamento;
  Caminharei com eles e eles serão o Meu povo".

Senhor, queres que me separe do povo não salvo,
  E não toque coisas sujas,
Para que possas dar-me boas-vindas e ser meu Pai.
  E todos os fiéis serão Teus filhos e filhas
  Conforme prometeste.

Amém.

Sobre o Pecador Arrependido

2 Coríntios 7:1-16

Senhor, com promessas tão grandes como essas,
  Eu me separarei do mal.
  Ainda que ele ponha à prova meu corpo ou espírito;

E eu serei completamente santo em relação a Ti.
Vivendo em reverência para Ti.

Senhor, Paulo pediu-lhes mantivessem as mentes abertas a respeito dele.
  Pois não havia explorado ninguém, ferido ninguém,
  Ou arruinado a reputação de ninguém.
Ele não estava criando confusão com eles ou culpando-os
  Porque eles estavam sempre na mente dele,
  Eles tiveram sucesso ou falharam juntos.
  Paulo tinha a maior confiança neles,
  E foi incentivado por eles;
  Eles deixaram Paulo feliz apesar de seu sofrimento.
Senhor, Paulo explicou que não queria nenhum descanso físico,
  Mesmo quando chegou ao norte da Grécia,
Encontrou ali tribulações onde quer que fosse,
  Havia brigas subjacentes e medos desenfreados.
Mas Tu que incentivas aqueles que estão deprimidos,
  Incentivou Paulo quando Tito chegou.
Tito contou como os coríntios o receberam.
  E estavam tristes por seus pecados,
  E sua preocupação com Paulo.

Senhor, Paulo não estava triste por ter lhes enviado uma carta,
  Mas estava triste porque a carta os afligiu;
  Entretanto, eles se afligirão apenas por um momento.
Agora Paulo está feliz por ter enviado a carta,
  Não porque ele os afligiu,
  Mas porque sua dor os levou de volta a Ti.
Eles tiveram uma mágoa benéfica,
  A mágoa enviada levou Teu povo a Ti.
Pois a mágoa de Deus leva ao arrependimento e à salvação;

Eu nunca me arrependerei por esse tipo de mágoa
   Ela me leva de volta a Ti.
Mas a mágoa mundana não leva ao arrependimento
   E sim ao desânimo, sofrimento e morte.
Paulo chamou atenção para o quão boa foi sua mágoa,
   Agora eles são cuidadosos ao Te servir;
   Eles também foram rápidos em se livrar do pecado.
Ele observa que os coríntios limparam-se completamente
   De seus pecados.
Por isso, Paulo explica que não escreveu para
   Culpar o ofensor, ou consolar o ofendido,
   Mas torná-los responsáveis.

Tito incentivou Paulo, quando ele chegou,
   A contar do amor deles por ele,
   E Tito ficou feliz em trazer a novidade.
Antes de Tito sair para levar-lhes a carta,
   Paulo disse-lhe que se arrependeriam de seus pecados,
   E eles não decepcionaram Paulo.
Paulo disse que sempre falou a verdade,
   E ele se vangloriava deles com razão.
Paulo disse o quanto Tito amava os coríntios
   Porque, quando ele leu a carta para eles,
   Os coríntios receberam-na de todo o coração com profunda
   preocupação.
Isso deixou Paulo feliz, pois não havia
   Barreiras entre eles e ele;
   Agora Paulo tem grande confiança neles.

Amém.

Coleta Para os Santos em Jerusalém

2 Coríntios 8:1-24

Senhor, Paulo queria que os coríntios soubessem
 O que Tua graça alcançou no norte da Grécia.
Eles vêm passando por tempos difíceis na Macedônia
 E foram testados com decepções,
Mas foram extremamente generosos em dar dinheiro
 Apesar de não terem muito
Paulo assegurou aos coríntios que os macedônios
 Deram o máximo que puderam,
 Até mais do que deviam.
Eles imploraram que Paulo recebesse sua oferta
 Então eles se alegraram em ajudar
 Os santos pobres em Jerusalém.
Eles fizeram mais do que Paulo esperava
 Primeiro doaram-se a Deus,
 Deram-lhe oferta para Jerusalém,
Então Paulo incentivou Tito a visitá-los
 E terminar a coleta de dinheiro
 Que ele solicitou na visita anterior.

Senhor, Paulo lembrou aos Coríntios que eles tinham bons líderes
 E tinham fé forte, boa pregação
 Muito conhecimento e entusiasmo.
E os coríntios tinham profundo amor por Paulo,
 Agora ele queria que fossem líderes
 Em doar com alegria para o projeto de Jerusalém.
Paulo lembrou-lhes de que não estava dando uma ordem,
 Mas ele os está lembrando do que outras pessoas fizeram.

Senhor, Paulo lhes falou da graça do Senhor Jesus Cristo

Que, quando Ele teve todo o esplendor do Paraíso,
Ele desistiu de tudo para ajudar os outros
   Para que todos os fiéis pudessem ser espiritualmente ricos
   Devido à Sua pobreza.
Por isso, Paulo apenas sugeriu que os Coríntios terminassem
   O projeto, porque foram eles
   Que o sugeriram primeiro.
Ao começar de maneira tão entusiasmada, Paulo quis que eles
   Terminassem o projeto financeiro com zelo,
   Dando qualquer quantia de dinheiro que pudessem.
Paulo lembrou-lhes de que Deus queria que doassem
   De quaisquer recursos que tivessem,
   Não do que não tivessem.
Paulo também disse que eles não deveriam
   Dar tanto dinheiro a ponto de sofrer
   Quando eles doam para aliviar o sofrimento dos outros.
Paulo disse que o sofrimento deveria ser compartilhado por todos os fiéis;
   Já que os cristãos de Jerusalém estão sofrendo
   Agora os cristãos podem fazer algo a respeito disto.
No futuro, os coríntios podem passar por sofrimentos
   E os cristãos de Jerusalém os ajudarão.
As Escrituras dizem: "Quem tinha recolhido muito não teve demais,
   E não faltou a quem tinha recolhido pouco".

Senhor, Paulo sentiu-se grato por Tito ter
   A mesma preocupação pelos coríntios que ele.
Tito os visitaria de novo por sugestão de Paulo,
   Mas Tito iria de qualquer jeito
   Porque ele tinha preocupação profunda com eles.
Paulo também mandou outro irmão com Tito,

Que era reconhecido como bom pregador
Do Evangelho entre todas as igrejas.
Paulo disse-lhes que se irmão foi eleito para
Viajar com Paulo para levar o dinheiro a Jerusalém.
Sua eleição provaria a todas as igrejas
Sua ânsia em ajudar os cristãos de Jerusalém
E que a graça de Deus supera dificuldades.
Viajando juntos, os dois superariam
Quaisquer boatos sobre como esta grande
Oferta seria usada em Jerusalém.
Paulo disse: "Estou tentando fazer o certo na presença
De todos os homens e de Deus".
Para conseguir isso, Paulo enviou um terceiro irmão
Que era bem conhecido de Paulo,
O irmão queria visitar os coríntios
Porque Paulo falou-lhe sobre eles.

Senhor, Paulo disse: "Diga a todos que Tito é meu parceiro e está
vindo para lhe ajudar".
"Conte também a todos que os outros dois irmãos,
são excelentes cristãos
E representam as igrejas e Paulo".
Finalmente Paulo disse: "Mostra Teu amor a esses homens.
E faz por eles o que eu prometi que farias".

Amém.

Mais Sobre a Coleta Para os Santos em Jerusalém

2 Coríntios 9:1-15

Senhor, Paulo disse que não era necessário escrever aos coríntios
Sobre a doação aos santos necessitados,

Porque estavam dispostos a ajudar.
Ele se vangloriou dos fiéis em Acaia
    Que os coríntios estavam dispostos a ajudar.
    Isso motivou os fiéis em Acaia a doar.
Mas Paulo está enviando três irmãos para garantir
    Que eles doem conforme se comprometeram
Porque se os macedônios viessem com Paulo
    E os coríntios não doassem o que se comprometeram,
    Tanto Paulo quanto eles ficariam envergonhados.
Então Paulo recomendou que os três irmãos visitassem Corinto
    Para se certificar de que a doação estava pronta e esperando por eles.

Senhor, Paulo espera que o dinheiro seja uma verdadeira doação,
    Não algo dado sob pressão,
    Lembre-se: "Se você doa pouco, a bênção de Deus será pequena;
Quando o fazendeiro planta poucas sementes,
    Obtém resultados pequenos".
"Quando o fazendeiro planta muitas sementes,
    Obtém uma grande colheita".
Todos devem decidir o orçamento dentro do qual precisam viver,
    Para que sempre tenham o bastante para suas necessidades,
    E algum dinheiro restante para doar aos outros.
E as Escrituras dizem: "Aquele que dá aos pobres,
    Sua doação será lembrada por Deus".
Deus, Tu que dás a semente aos fazendeiros e pão
    Aos que têm fome, também me darás o que
    Preciso e tornarás minha colheita grande.
Se me fizeres prosperar em tudo,
    Eu serei capaz de doar com generosidade

E fazer com que os outros Te agradeçam.
Como contribuo de maneira cristã,
  Supres minhas necessidades e as necessidades dos outros,
  Te agradeço por isso.
Ao fazer uma doação generosa, os coríntios demonstram
  Sua integridade cristã,
  E aqueles que recebem a doação Te louvam.
Então eles orarão com fervor pelos coríntios
  Porque eles recebem Tua graça por intermédio deles.
Senhor, Paulo concluiu: "Obrigado, por Tua doação além das palavras,
  A doação de Jesus Cristo".

Amém.

Paulo Defende Sua Autoridade Apostólica

2 Coríntios 10:1-18

Senhor, Paulo apelou gentilmente aos coríntios quanto a essas questões,
  De forma tão misericordiosa quanto Cristo o faria.
Ainda assim, os coríntios dizem que ele é tímido
  Quando está com eles, mas ousado em suas cartas.
Paulo quer que eles façam o que ele pede de forma que
  Não tenha de ser severo quando vier.
Algumas pessoas em Corinto acham que Paulo é um homem comum,
  Por isso, não querem fazer o que ele pede ou diz.
Paulo disse: "Sim, eu vivo como um homem comum
  Na carne, mas não uso a força
  De um homem ordinário para ganhar as batalhas".
Paulo não usa as armas do mundo.

Paulo usa o Teu poder para destruir fortalezas
Para demolir argumentos e todas as barreiras
   Contra o conhecimento de Ti
Que impedem que as pessoas Te achem.
   Com essas armas consigo capturar pessoas
   E trazê-las de volta a Ti
   Para que elas obedeçam a Cristo.
Uma vez que as pessoas sejam plenamente obedientes a Ele,
   Então Paulo está pronto para punir a desobediência.

Senhor, Paulo disse que os Coríntios estavam observando detalhes superficiais;
   Para eles, Paulo parecia fraco e sem poder,
   Mas Paulo disse-lhes para não olhar apenas para a superfície.
Ainda assim, se qualquer pessoa pode afirmar o poder de Cristo,
   Ele seria essa pessoa.
Paulo se desculpa por falar demais sobre
   Ter a autoridade de Cristo,
Mas ele diz que foi o Senhor quem a deu,
   Não para destruir, mas para edificar os santos.
   Então ele não pedirá desculpas por usá-la.
Paulo diz que ele não está tentando assustá-los,
   Apesar de algumas pessoas dizerem que suas cartas são rigorosas,
   Mas ele, sem graça em pessoa.
Eles dizem que Paulo é um mau pregador,
   E nenhuma autoridade há nele
Paulo diz que aqueles que o criticam
   Devem se lembrar de que
   Como ele é em suas cartas,
   Será em pessoa.
Paulo disse que não está se comparando
   Com pessoas que escrevem suas próprias "bravatas";

Seus egos são seus parâmetros.
Mais exatamente, Paulo disse que seu padrão de sucesso
    É seu parâmetro divino para medir fidelidade.
    Que ele seguiu em Corinto.
Paulo disse que ele não estava ultrapassando sua incumbência
    Quando trouxe o Evangelho aos Coríntios,
    Ou quando exerceu autoridade sobre eles.
Paulo disse que não está levando crédito pelo ministério
    Outros fizeram em Corinto
Ao contrário, Paulo espera que sua fé cresça,
    Então outros irão valorizar o que ele fez.
Paulo disse que ele levará o Evangelho no futuro
    Para campos inacessíveis então ninguém irá
    Criticá-lo por trabalhar no campo de outra pessoa.
Se qualquer um quiser se vangloriar, deixe que se vanglorie em Ti, nosso Pai.
    Então não é questão de autoaprovação
    Mas de ter Tua aprovação

                Amém.

Falsos Apóstolos

2 Coríntios 11:1-33

Senhor, Paulo pediu aos Coríntios para aguentar sua tolice,
    Porque ele tem ciúme deles
    Com o tipo certo de ciúme.
Paulo disse: "Estou preocupado que apesar de os coríntios
    Terem amor profundo somente por Cristo,
    Como uma noiva virgem tem pelo seu noivo"
Porém Paulo preocupa-se com que eles sejam afastados
    De Seu puro amor,

Da mesma forma que Eva foi enganada por Satanás.
Paulo disse que eles eram ingênuos sobre sua fé
    Porque se qualquer outra pessoa pregasse sobre outro Jesus,
Que fosse diferente daquele que Paulo pregou,
    Eles iriam rapidamente aceitar qualquer falso pregador,
    Eles também aceitariam rapidamente um espírito falso,
    Diferente daquele que tem a salvação,
Paulo disse que aqueles que afirmaram ser apóstolos,
    Não eram melhores do que ele.
Se Paulo era um orador ruim, ao menos ele conhecia
    A mensagem que estava apresentando; e
    A pregou muitas vezes.

Senhor, Paulo perguntou se ele fez mal em não pegar
    Dinheiro dos Coríntios,
    Quando pregou para eles.
Paulo estava levando dinheiro de outras igrejas
    Para viver, para que pudesse pregar para elas.
Quando Paulo ficou sem dinheiro em Corinto
    Ele não levou dinheiro deles,
    Aqueles que vieram de Filipos trouxeram-lhe dinheiro.
Paulo disse que tomou muito cuidado para não sobrecarregá-los,
    E ele contaria a todos a mesma coisa na Grécia,
Não para envergonhá-los, mas, para
    Tirar o chão daqueles que
    Dizem que ministram como Paulo o faz.
Deus nunca enviou aqueles falsos ministros;
    Eles levaram os coríntios
    A pensar que são os apóstolos de Jesus.
Eles não surpreenderam Paulo, porque satanás pode se
    Transformar em um apóstolo de luz,
Então aqueles que, na verdade, seguem o diabo

Parecem ser ministros de Deus.
No julgamento final, eles terão
A punição que seus atos maus merecem.

Senhor, Paulo pediu-lhes que não pensassem que ele é tolo,
Mas se os Coríntios assim o consideram,
Ele quer se vangloriar como um tolo se vangloria.
Paulo disse que a ostentação seguinte não é inspirada por Deus,
Mas é dita porque ele tem algo sobre o qual se vangloriar.
Os falsos profetas têm se vangloriado
De seus feitos terrenos,
Então Paulo se vangloriará de seus feitos espirituais.
Paulo disse que os coríntios toleraram os tolos;
Eles toleraram os falsos profetas que os tornaram escravos.
Os falsos profetas fizeram os coríntios alimentá-los, obedecê-los,
E dar todo seu dinheiro a eles.
"Eles estavam dando um tapa na cara dos coríntios".
Paulo nunca exigiu coisas assim.
Ainda assim, os falsos profetas se vangloriam.
Paulo tem mais para ostentar.
Eles são tão hebreus quanto Paulo.
Eles são tão israelitas quanto Paulo.
Eles são tão descendentes de Abraão quanto Paulo.
Eles são ministros de Cristo, disse Paulo
Ele foi tolo até em se comparar
A eles, porque ele foi chamado pelo próprio Cristo.
Eu passei mais tempo na prisão.
Eu apanhei mais vezes.
Eu enfrentei a morte várias vezes.
Eu recebi 39 chicotadas,
Cinco vezes dos judeus.
Eu apanhei com varas cinco vezes,
Fui apedrejado uma vez.

Fui destruído três vezes.
   Fiquei à deriva por 24 horas no mar
Estive em perigo, enquanto
   Atravessava rios, fugindo de ladrões, judeus,
   E gentios.
Estive em perigo nas ruas da cidade,
   No deserto, no mar e por
Falsos pregadores.
   Trabalhei muito,
Tive exaustão, noites sem dormir, fome,
   Sede, jejuns, frio e intempéries.
Finalmente Paulo disse: "Eu tenho tido responsabilidade constante
   Pelas igrejas. Toda vez que alguém peca,
   Eu tenho de lidar com isso".
"Quando os cristãos falham, eu os ergo.
   Quando estão feridos, eu os consolo."
Paulo disse: "Eu preferiria me vangloriar de minhas fraquezas,
   Que de meus feitos".
"Deus, o Pai do Senhor Jesus Cristo,
   Sabe que estou dizendo a verdade
   Deixe que todo louvor vá até Ele para sempre."
Paulo contou como o governador do rei Aretas de Damasco,
   Tentou prendê-lo nos portões da cidade,
Mas ele foi baixado por uma cesta na corda para escapar
   Por uma janela na parede.

Amém.

O Espinho na Carne de Paulo

2 Coríntios 12:1-21

Senhor, Paulo disse que foi tolo em se vangloriar de realizações

Mas ele teve visões e revelações de Ti, Senhor.
"Há quatorze anos foi levado ao Paraíso
   Seja física ou espiritualmente,
   Eu não sei, só Deus sabe.
"Tudo que sei é que fui envolvido no Paraíso.
   (Deixe-me repetir, não sei se
   foi em meu corpo ou em meu espírito).
"Eu ouço coisas que não consigo repetir,
   Não vou me vangloriar dessa experiência;
   Vou me vangloriar apenas em minha fraqueza.
"Tenho o bastante para me vangloriar, mas não farei isso
   Porque as pessoas pensarão que sou tolo.
"Eu não quero que as pessoas pensem
   Mais do que devem a meu respeito".

"Senhor, porque Paulo teve essa revelação extraordinária,
   Deste a ele um espinho na carne
   Para impedir que ficasse cheio de si,
Por três vezes Paulo implorou para o aliviares
   Daquela dor,
Mas disseste-lhe: "Minha graça é suficiente para você
   Meu poder será evidente em tua fraqueza".
Então Paulo disse: "Ficarei feliz em me vangloriar da minha fraqueza
   Para que o poder de Cristo descanse em mim.
   "Já que é para a causa de Cristo, fico
   Feliz por viver com o meu espinho na carne.
"Ficarei feliz em sofrer insultos, provações,
   dificuldades e pobreza
   Pois quando estou fraco, sou forte."

Senhor, Paulo disse que os Coríntios faziam-no
   Parecer tolo. Eles devem
   Estar se vangloriando dele, não Paulo se vangloriando de si mesmo.

Paulo disse que não estava por trás dos primeiros apóstolos
    Em segundo lugar.
As coisas que caracterizam um apóstolo
    São sinais, maravilhas e milagres
    Que ele fez entre os Coríntios.
Essas doações miraculosas significaram que os Coríntios
    Não eram inferiores a outras igrejas.
A única coisa que falta na igreja dos Coríntios
    Foi que eles não pagaram um salário a Paulo;
    Ele pede perdão nessa exceção.

Senhor, Paulo contou aos Coríntios que ele estava vindo
    Até eles uma terceira vez,
E Paulo disse que ele não levará dinheiro deles,
    É o seu amor que ele quer, não seu dinheiro.
As crianças não cuidam de seus pais,
    Os pais cuidam dos seus filhos.
Paulo disse: "Estou disposto a gastar meu dinheiro com vocês,
    Eu mesmo farei gasto para vocês,
    Porque eu os amo mais que qualquer outro pregador".
Paulo observa: "Alguns de vocês argumentam que eu não
    Recebi dinheiro de vocês,
Mas vocês acham que eu os enganei,
    Vocês acham que ganhei dinheiro em cima de vocês de alguma
    outra forma."
    Paulo perguntou-lhes: "Como eu ganhei dinheiro?".
    Tito e outras pessoas enviaram dinheiro a Paulo,
    Ele não tirou dinheiro deles.
Paulo observou: "Todos nós vivemos pelo Espírito Santo,
    Todos nós vivemos pelo mesmo parâmetro".
Paulo explicou: "Você acha que estou te contando essas coisas

Para me justificar.
Na verdade, eu falo a verdade em Cristo perante Deus,
  Eu digo isso, então Deus saberá
  Que fiz tudo pelo seu crescimento espiritual."
Senhor, Paulo estava com medo de que, quando chegasse a Corinto
  Não achasse o que esperava,
E que eles não vissem em Paulo,
  O que pensavam dele.
Paulo estava com medo de se deparar com discussões
  Inveja, ódio, lealdade dividida,
  Blasfêmia, expressões do ego e desarmonia.
Paulo perguntou-lhes: "Quando eu vier de novo, ficarei
  Envergonhado de seu comportamento?".
"Devo sofrer por todos que pecaram,
  São culpados de impurezas,
  E ainda assim não se arrependeram do seu mal?"

Amém.

Exortação Final e Conclusão

2 Coríntios 13:1-14

Senhor, Paulo disse, nessa terceira viagem a Corinto,
  Que lhes contará as mesmas coisas
  Que disse na segunda visita.
Agora, Paulo está longe deles
  Mas ele ainda lhes contará as mesmas coisas.
Ele repetiu sua autoridade: "Na boca de
  Duas ou três testemunhas
  Cada palavra será estabelecida.
"Eu já adverti a todos,
  E especialmente aqueles que estão pecando, que

Os punirei severamente quando vier.
"Eu lhes darei toda a prova
De que Cristo fala por intermédio de mim
E Ele não será fraco em lidar com vocês.
"Seu corpo enfraquecido foi crucificado.
Mas agora Ele tem o poder imenso de Deus.
"Eu sou fraco em meu corpo humano como Ele,
Mas pelo Seu poder serei forte".

Senhor, Paulo disse a todos: "Examinem vocês mesmos,
Vocês são na verdade cristãos?
Testem a vocês mesmos com essa pergunta
"Vocês têm a presença de Jesus Cristo
Vivendo em suas vidas?
"Eu não falhei no teste,
Mas passei nele,
E eu pertenço a Jesus Cristo".

Senhor, Paulo orou para que eles vivessem vidas devotas,
Não para fazê-lo parecer bem sucedido,
Mas para que Deus pudesse ser glorificado.
Paulo disse que sua responsabilidade é incentivá-los
A viver da forma correta em todas as circunstâncias
E não fazer mal algum.
Ele ficou feliz em ser fraco e desprezado,
Se isso significasse que eles se tornariam fortes.

Senhor, Paulo disse que esperava não precisar
Usar sua autoridade apostólica para quebrantá-los,
Mas sim para levantá-los.

Senhor, concluiu Paulo: "Alegrem-se, cresçam em Cristo
Vivam em unidade e paz, e que

O Deus do amor e paz esteja com vocês
Cumprimentem-se com carinho, como devem
Todos os santos se cumprimentar".
Que a graça do Senhor Jesus Cristo
O amor de Deus, e a presença do Espírito Santo
Estejam sempre com vocês.

Amém.

Gálatas

História de como foi escrita a carta aos Gálatas

Data: 45 d.C. Escrito de Antioquia, Síria. Escrito por: Paulo

Já se vai quase um ano desde que Barnabé e eu concluímos nossa primeira viagem missionária pelo interior da Galácia na Turquia. Porque Barnabé era o único com fortes relacionamentos pessoais, ele obteve em primeira mão a informação do que estava acontecendo nas igrejas por lá.

Originalmente, os judeus tentaram destruir o Cristianismo atacando a Barnabé e a mim fisicamente.

Agora eles tinham uma estratégia diferente.

O novo contra-ataque dos judaizantes foi sutil. Eles queriam minar a fundação das igrejas cristãs que eles chamavam de "seita". Os judaizantes agora estavam se infiltrando nas igrejas para diluir a mensagem dizendo: "Vocês devem ser circuncidados para serem salvos".

Eu estava sentado no pátio do fundo orando, quando Barnabé me falou do novo ataque aos cristãos na Turquia.

"Eles também negam que você seja um apóstolo", disse Barnabé. "Eles dizem que você pode dizer que é apóstolo, mas você não está no mesmo nível de Pedro e aqueles que seguiram Jesus na terra".

Ao diminuir a minha autoridade, os judaizantes estavam minimizando a importância da mensagem da graça de Deus. Dessa forma, eles conseguiriam manter a lei da doutrina de Moisés e acrescentar o novo ensinamento do Cristianismo. Mas esse novo Evangelho não é o verdadeiro.

"Eu lhes escreverei uma carta", disse eu: "Eu resolverei o problema".

"Mas você não consegue ver bem o bastante para escrever", argumentou Barnabé comigo. "Você tem problema de vista desde o apedrejamento em Listra".

Eu estava determinado a corrigir os judaizantes e proteger a igreja, então disse-lhe: "Se um homem deve fazer alguma coisa, Deus o ajudará", respondi. "Eu apertarei os olhos, escreverei em letras garrafais, escreverei devagar e me concentrarei em cada letra... mas escreverei".

Então contei a Barnabé que a primeira parte da minha carta justificará meu apostolado. Eu lhes direi como Jesus me chamou, e como Jesus me deu a revelação e mistérios de Deus, quando fui para o deserto.

Eu disse a Barnabé que acrescentaria fatos pessoais que aconteceram comigo desde quando vi Jesus na Estrada Damasco, incluindo as ameaças à minha vida. Também incluirei o fato de que fui a Jerusalém, mas nenhum dos apóstolos vi, além de Tiago, o irmão do Senhor. Eu lhes escreverei que não deliberei com carne e sangue e que não obtive o Evangelho de outros apóstolos, mas sim do próprio Jesus.

Eu contei a Barnabé sobre a segunda parte da minha carta. Eu falarei a eles que tanto os judeus quanto os gentios são justificados perante Deus apenas pela fé. Eu mostrarei como foi o plano de Deus desde o começo, quando Abraão "creu em Deus e isto lhe foi creditado como justiça".

Eu mostrarei que a Lei não veio até 430 anos depois que Abraão foi justificado pela fé e que a Lei nunca quis substituir a justificação. Eu creio na Lei, porque ela nos ensina nossa necessidade por Cristo.

Barnabé concordou comigo e perguntou: "E acerca da vida cristã, como você os instruirá?"

Eu já havia pensado na conclusão. "O resultado da justificação pela graça é a liberdade espiritual". Eu disse a Barnabé que ninguém deveria usar sua independência cristã da Lei, como desculpa para satisfazer sua antiga natureza. Ao contrário, a liberdade é uma oportunidade para o amor.

Então continuei para indicar que ser justificado pela fé não separa a pessoa das lutas da vida. "Eu conversarei sobre o contraste entre os frutos da carne e os frutos do Espírito e mostrarei que a vida cristã é de fato uma luta, mas o Espírito Santo luta com nossa antiga natureza para que nós possamos servir a Deus com vitória".

Na tarde seguinte, eu me sentei à mesa para começar a escrever a epístola aos Gálatas. Ainda estava agitado com o fato de os judaizantes não me reconhecerem, então escrevi: "Paulo, apóstolo, não nomeado por qualquer conselho humano, nem por qualquer homem individual, mas chamado por Jesus Cristo e Deus, o Pai".

Então eu disse a mim mesmo: *"Orarei para que os leitores reconheçam meu apostolado quando lerem essa primeira frase; se eles fizerem isso, entenderão o que Deus está dizendo no restante desta carta".*

Eu sabia que os gálatas eram obstinados. Etnicamente o povo da Galácia era de origem celta que vivia na Turquia central. Eles eram conhecidos pela firme determinação e autodisciplina. Eles eram um povo impetuoso. Em termos políticos, a Galácia tornou-se província de Roma em 25 a.C., incluindo os povos do Sul da Turquia que não eram celtas. Eu conhecia bem o povo, pois nasci em Tarso, ao sul da Turquia. Cresci ouvindo com frequência sobre os fortes e obstinados gálatas ao longo das sinistras montanhas.

Eu e Barnabé havíamos ido à área da nossa primeira viagem. Toda vez que eu pregava em uma sinagoga, os judeus me expulsavam da cidade até que, em Listra, finalmente, me apedrejaram. Não está claro se eu morri, mas, a maior parte das pessoas que leram a história diz que essa foi a ocasião que descrevi depois. "Há 14 anos fui levado ao paraíso para uma visita. Não me perguntem se meu corpo estava lá ou apenas meu espírito, pois eu não sei; apenas Deus pode responder. Mas, de qualquer forma, enquanto eu estava no paraíso, ouvi coisas tão surpreendentes que elas estão acima do poder do homem em descrever, ou serem postas em palavras".

Eu escrevi com grande fervor dizendo-lhes que se agarrar à Lei nunca salvou ninguém. Para os judeus, a questão era a circuncisão. Mas, para mim, o assunto era tornar-se uma "nova criatura" em Cristo. Se eu não discutisse com êxito apenas a justificação pela fé, o Cristianismo poderia se tornar nada mais que uma seita incômoda do judaísmo e estaria perdido como outras seitas judaicas.

Mas essa carta de autoridade não deveria ser tomada de forma negligente. A pessoa deveria concordar com a minha conclusão de que a Lei não salva, e que as pessoas são salvas apenas pela justificação através da fé.

Sinceramente em Cristo,

Apóstolo Paulo.

Martinho Lutero, o reformador que "deu partida" à Reforma disse aos Gálatas que era "sua epístola". Lutero era tão apegado ao Livro aos Gálatas na pregação que este livro tornou-se a "Carta Magna da liberdade cristã" de Lutero, quando ele atacava a "religião de palavras" ensinada pela igreja Católica Romana em sua época.

Notas Finais:

1. Gl. 3:6; Gn. 15:6.
2. Gl. 3:17.
3. Gl. 3:24-25.
4. Gl. 5:13; 6:7-10.
5. 2 Co. 12:2-4 LB.
6. Gl. 6:15.

Orações baseadas na Carta aos Gálatas

Os Gálatas se Afastaram do Verdadeiro Evangelho

Gálatas 1:1-24

Senhor, Paulo escreveu uma carta para os Gálatas, lembrando-lhes
que era Apóstolo por incumbência divina de Jesus Cristo e Deus
Pai. Que não foi nomeado por qualquer pessoa ou por qualquer
grupo. Por isso não deviam rejeitar seu ensinamento claro
sobre a salvação pela graça por meio apenas da fé. Paulo enviou
cumprimentos a todas as igrejas da Galácia de todos aqueles que
estavam com ele.
Paulo ora para que Tu, ó Pai, e o Senhor Jesus Cristo conceda-lhes
graça e paz.

Senhor, eu quero a mesma graça e paz em minha vida
Que vem apenas de Ti e do Senhor Jesus Cristo.
Obrigado por enviar Jesus para morrer pelos meus pecados,
Para me libertar deste presente mundo mal
De acordo com Seus planos eternos.
Eu Te dou toda a glória, meu Pai celestial,
E continuarei a fazer isso ao longo das eras eternas.

Senhor, Paulo ficou assustado que os Gálatas tivessem se desviado tão
rapidamente
Do ensinamento da graça para seguir um diferente evangelho de
obras.
Eles não seguiam mais o Evangelho da salvação pela fé apenas.
Eles estavam ficando cegos por aqueles que torciam a verdade de
Cristo em Legalismo.

Senhor, Paulo lançou maldição sobre todos que pregaram que a
salvação
Vinha pelas obras. Ele disse: "Mesmo se um anjo pregasse obras, ele
Deveria ser amaldiçoado". Então o próprio Paulo repetiu: "Se
qualquer pessoa
Prega um Evangelho contrário àquele que os Gálatas receberam,
deixe-o
Ficar sob a maldição para sempre".

Senhor, Paulo não quis agradar as pessoas. Ele queria Tua aprovação.
Se ele aprovasse as pessoas, não seria servo de Cristo.
Essa é a oração do meu coração. Eu quero Te agradar.

Senhor, a Boa-Nova que Paulo pregou não veio do pensamento
Ou lógica humana. Ele não pensou nela ou alguém a ensinou a ele.
Ela veio pela revelação direta de Jesus Cristo.

Antes de Paulo ser salvo, ele perseguiu cristãos e tentou
Destruir o Cristianismo. Paulo era mais zeloso que a maioria dos
judeus de sua época,
E tentou da forma mais cuidadosa possível seguir todas as
tradições judaicas.

Mas Tu o chamaste antes de ele nascer, e o escolheu para ser Teu
Apóstolo. Teu Filho foi revelado a Paulo para que ele pudesse
pregar
O Evangelho de Jesus Cristo aos gentios.

Quando Paulo foi salvo, ele não se consultou com ninguém, e não
Foi a Jerusalém para se consultar com os apóstolos. Imediatamente
após ser salvo, Paulo foi para a Arábia (deserto) onde revelaste
A ele a doutrina da salvação pela graça através da fé, fora das
Obras. Então ele voltou a Damasco. Três anos depois, Paulo foi
Para Jerusalém para encontrar Pedro e ficou 15 dias ali.

O único outro apóstolo que Paulo encontrou foi Tiago, irmão do nosso Senhor.

Nesse tempo, Paulo foi ministrar nas províncias do sul da Turquia e, Em outra ocasião, Antioquia da Síria. As igrejas na Terra Santa nem Sabiam como Paulo era. Tudo que elas sabiam era: "Aquele que costumava perseguir cristãos, agora prega a fé que tentou destruir anteriormente". Eles louvaram a Deus por ter salvado Paulo.

Amém.

A Exteriorização da Intimidade Com Cristo

Gálatas 2:1-21

Senhor, Paulo voltou a Jerusalém 14 anos depois, acompanhado por Barnabé e Tito com ordens definitivas de Deus para confrontar os líderes sobre seu falso ensinamento de que uma pessoa deve ser circuncidada para ser salva. Paulo conversou em particular com os líderes dizendo-lhes que em seu ministério os gentios estavam sendo salvos sem circuncisão. Os líderes concordaram com Paulo e não exigiram que Tito, que estava com ele, fosse circuncidado, apesar de este ser um gentio.

Senhor, Paulo disse que o assunto de Tito não teria vindo à tona, se não fosse por alguns falsos irmãos infiltrados na reunião para espionar o que estavam discutindo. Eles queriam escravizar todos ao Antigo Testamento, tirando a liberdade que todos nós temos em Cristo.

Senhor, eu Te agradeço por ser salvo pela graça,
E que a minha fé não seja medida pela obediência à Lei.

Senhor, Paulo não cedeu às pessoas que o estavam espionando. Ele estabeleceu a verdade do Evangelho para todos. Os líderes não acrescentaram nada ao que Paulo lhes havia dito, ou ao que estava pregando aos gentios.

Senhor, o apóstolo que encontrou com Paulo o aceitou como igual (seu status não intimidou Paulo, pois ele conhecia o seu chamado e sabia que todos eram iguais perante Deus). De fato, quando Pedro, Tiago e João viram os grandes resultados da pregação de Paulo entre os gentios – da mesma forma que Deus havia usado Pedro para evangelizar os judeus – eles aceitaram Barnabé e Paulo. Incentivaram Paulo e Barnabé a continuar pregando aos gentios, e eles continuaram pregando aos judeus. A única coisa que acrescentaram foi ajudar os pobres, que era o que Paulo já estava fazendo.

Senhor, depois, quando Pedro foi à Antioquia, fez suas refeições com fiéis gentios. Mas, quando uma delegação de legalistas veio de Tiago em Jerusalém, Pedro se afastou dos fiéis gentios, porque foi intimidado pelos judeus. Então, alguns outros fiéis judeus seguiram o exemplo de Pedro discriminando os fiéis gentios. Até Barnabé se viu comprometido por um tempo.

Senhor, quando Paulo se deu conta do que estava acontecendo, disse a Pedro na frente de todos: "Se você é um judeu que vive como um gentio, por que você tenta fazer os gentios viverem como judeus?"

Senhor, Paulo explicou: um judeu adquire esta identidade pelo nascimento. Um cristão torna-se filho de Deus pelo novo nascimento. Ninguém se torna filho de Deus por guardar a Lei, mas a pessoa é salva pela fé em Jesus Cristo. Judeus que creem em Cristo tornam-se filhos de Deus pela fé em Cristo e não obedecendo à Lei.

Senhor, ninguém pode ser salvo e justificado obedecendo à Lei;
Os judeus que obedecem à Lei são tão pecadores
Quanto os gentios que não a obedecem.

Isso significa que Deus nos permite pecar?
   Não! Esse é um ensinamento absurdo.
Paulo não tentou reconstruir um sistema novo para os cristãos
   obedecerem à Lei.
   Porque ele ensinou que o sistema legalista da Lei
   Foi abolido na morte de Cristo.

Eu morri, porque a Lei condena todos à morte.
   Mas em Cristo, agora, vivo com vida nova.
Eu fui crucificado com Cristo;
   Eu morri, quando Ele morreu na cruz,
   Então eu não tento mais viver para Deus na carne.
Agora Cristo vive em mim para me dar nova vida:
   Vida cristã é a exteriorização da intimidade com Cristo.
Eu vivo pela fé do Filho de Deus
   Que me ama e Se doa por mim.

Senhor, eu poderia ser salvo obedecendo à Lei
   Então não seria mais necessário Cristo morrer,
   E a morte do Seu Filho seria inútil.

Amém.

A Lei Condena, Mas a Fé nos Salva

Gálatas 3:1-29

Senhor, Paulo disse que os Gálatas eram tolos porque alguém os
   havia cegado para a verdade da morte de Jesus Cristo. Paulo
   perguntou-lhes: "Vocês recebem o Espírito Santo obedecendo
   à Lei?" A resposta óbvia é: "Claro que não!". Aí ele perguntou:
   "Você agora está tentando viver a vida cristã pela Lei após ter
   sido salvo pelo Espírito Santo?".

Senhor, Paulo lembrou aos Gálatas que eles sofreram muitas coisas
pelo Evangelho, agora estavam jogando isso fora. Eles não estavam
tendo nada em troca do legalismo.
Senhor, eu quero o poder do Espírito Santo
Para operar milagres em minha vida.
Eu sei que não faço coisas sobrenaturais para as pessoas que vivem
pela Lei;
Dás o poder miraculoso para viver por Ti, às pessoas que vivem
pela fé.
Senhor, eu sei que Abraão acreditou em Ti.
E que isso foi creditado a ele pela justiça de Deus;
Olhaste para Abraão como se ele fosse perfeito.
Eu quero ser um filho de Abraão,
Eu quero viver pela fé;
Eu quero confiar inteiramente em Ti, por tudo.

Senhor, previste que os gentios seriam salvos pela fé
Quando disse: "Em Abraão todas as nações serão abençoadas".
Então eu quero a bênção que prometeste a todos;
Eu quero que enriqueças a minha fé.

Senhor, eu sei que aqueles que tentam obedecer à Lei,
Estão sob a maldição que vem com a Lei,
Pois os legalistas que não obedecem toda a Lei
Serão julgados pela maldição prometida na Escritura.
Ninguém jamais foi salvo por obedecer à Lei;
Apenas aqueles que vivem pela fé serão justificados.
Lembro-me de que as Escrituras ensinam sobre a Lei;
Você deve obedecer toda a Lei, sem exceção,
Do contrário, você é amaldiçoado pela Lei.
Mas Cristo me livrou da maldição da Lei
Quando se fez maldição por mim;

As Escrituras ensinam: "Amaldiçoados sejam todos
   Que estejam pendurados no madeiro".

Senhor, as bênçãos que prometeste a Abraão
   Vieram a mim pela fé em Jesus Cristo, e
   Eu recebo as promessas do Espírito Santo.
Hoje, nesta vida, um homem deve cumprir o que promete,
   Ele não pode mudar de ideia após dar a sua palavra.
Deus, prometeste salvar as pessoas que exercem a fé
   Então, não podes mudar ou cancelar essa promessa.
Deus, fizeste essa promessa a Abraão e à sua semente;
   Cristo – Única semente, hospedou Tua promessa,
   Então Cristo é Aquele que me salva.
430 anos depois deste os 10 Mandamentos,
   Mas, obedecê-los não salvou ninguém,
   Porque prometeste a Abraão a salvação pela fé.

Senhor, acrescentaste a Lei para nos ensinar a existência do pecado,
   Até que a Semente veio para cumprir Tua promessa;
Então perdoaste o pecado daqueles que exerceram a fé.
   Deste-nos a Lei pelos anjos;
      Exatamente pelo fato de teres usado anjos, provou que a Lei
      Não preencheu as promessas que fizeste a Abraão,
Porque Tua promessa não depende de anjos,
   Mas depende apenas de Cristo que atendeu aquela promessa
   Porque apenas Cristo tirou nosso pecado.

Senhor, a Lei contradiz Tua promessa?
   Não, pois se a Lei desse vida espiritual a qualquer pessoa,
   Então a Lei produziria a justiça de Deus.
Mas as Escrituras dizem que todos são prisioneiros do pecado,
   A única forma de escapar é pela fé em Jesus Cristo
   Pela qual sou regatado e me torno Filho de Deus.

Antes de Cristo vir, todos éramos prisioneiros da Lei
    Até a vinda de Cristo que nos libertou.
A Lei era como um militar rígido nos mostrando nossas fraquezas
    Até que fomos para a escola de Cristo
    E aprendemos a ser justificados pela fé.
Uma vez que tivermos fé em Cristo para nos libertar,
    Não precisaremos da autoridade da Lei.
Agora que temos fé em Cristo Jesus,
    Nós somos os filhos de Deus,
Quando fomos batizados em Cristo,
    Tornamo-nos parte de Tua família;
    Declaramos fé em Cristo e nos tornamos como Ele.
Não somos mais conhecidos como judeu ou gentio,
    Escravo ou homem livre; ou mesmo homens ou mulheres;
    Todos nós somos os mesmos – todos somos iguais em Cristo.
Já que eu pertenço a Cristo, sou descendente de Abraão;
    Sou um verdadeiro herdeiro das promessas feitas a ele.

Amém.

O Legalismo é Inimigo da Fé

Gálatas 4:1-31

Senhor, já que o filho de um pai rico é uma criança, ele não tem o uso da riqueza que seu pai lhe deixou. Quando seu pai morre e deixa uma herança ao filho, a criança tem de fazer o que seu guardião ou tutor manda. A criança não é mais que o empregado da casa.

Senhor, eu sei que sou Teu filho e um dia desfrutarei
    Das riquezas do Paraíso e perfeita comunhão contigo.
Mas, agora viverei como escravo neste mundo.
    Obedecerei a toda ordem que me deres.

Senhor, antes de Cristo vir a este mundo, Teu povo era escravo da
   Lei judaica que apenas ocultava os pecados. Mas na plenitude do
   tempo,
   Enviaste Teu Filho para ser gerado por uma mulher – nascido
   como judeu – para
   Adquirir a liberdade daqueles que eram escravos da Lei. Agora
   Nos adotaste como Teus filhos.

Senhor, eu agradeço que Cristo Jesus nasceu como judeu,
   Que Ele obedeceu perfeitamente à Lei,
E Ele a cravou na cruz,
   Satisfazendo seus pedidos, para me libertar;
   Então, agora, estou livre de suas exigências.

Senhor, porque sou Teu filho, enviaste o Espírito de Cristo ao meu
   Coração para que eu pudesse conversar contigo dizendo: "Papai,
   Pai". Eu não sou mais
   Escravo, mas Teu próprio filho. E já que sou Teu filho, todas
   As bênçãos espirituais me alcançam.

Senhor, antes de os gentios serem salvos, eles eram escravos dos
   ídolos, e seus deuses artificiais. Quando Te descobriram – ou Tu
   os achaste – como eles conseguem voltar para uma religião fraca
   ou desprezível e tentar Te agradar obedecendo às leis? Eles estão
   observando dias e meses e estações especiais, para estabelecer
   as boas graças contigo. Eles estão cancelando a pregação do
   Evangelho no qual eles já acreditaram.

Senhor, que eu nunca tente te agradar obedecendo às leis.
   Pois não sou perfeito, nem nunca poderei ser;
Meu único apelo é o sangue de Cristo
   Que perdoou meu pecado e me concedeu acesso a Ti.

Senhor, o legalista deve se sentir como Paulo sobre a Lei. Eles devem
   ser livres das correntes da Lei como Paulo era. Os Gálatas não

desprezaram Paulo, quando começou a pregar para eles, mesmo ele estando doente na época. Eles deram boas-vindas a Paulo como se ele fosse um anjo enviado por Deus, como se ele fosse o próprio Cristo Jesus. Paulo quer saber o que aconteceu com seu espírito bondoso.

Senhor, que eu possa ter um bom espírito sobre os novos convertidos
   Como Paulo teve pelos Gálatas
Que possamos amá-los e orar com misericórdia por eles
   Então eles serão incentivados a crescer em Cristo.

Senhor, devido à doença de Paulo, os Gálatas originalmente teriam dado seus olhos por ele. Agora Paulo quer saber por que eles se tornaram seus inimigos. Os legalistas ensinaram os Gálatas a viverem pela Lei, mas eles estão errados. Os legalistas estão atacando Paulo para que eles consigam conquistar os Gálatas para seu ponto de vista. Paulo fica feliz se as pessoas tiverem interesse nos Gálatas quando seus motivos são bons, mas os legalistas os tornaram escravos da Lei mais uma vez.

Senhor, existem alguns cristãos que vivem pela Lei,
   E eles tentam tornar outras pessoas escravas da Lei.
Agradeço-te por Cristo ter me libertado da Lei;
   Agora eu vivo livre no reino do Teu Filho.

Senhor, Paulo diz que seus filhos em Cristo o estão ferindo, como se ele estivesse em trabalho de parto por eles de novo. Ele está sofrendo até Cristo ser formado neles. Paulo lhes diz que se estivesse com eles, ele poderia mudar a opinião deles. Ele não gosta de lidar com esse assunto por carta. Ele está perplexo e não sabe o que fazer.

Senhor, dá-me a graça de entender aqueles que são mal orientados.
   Ensina-me a me relacionar com eles.

Mantenha-me o mais próximo da verdade possível.
   E que Cristo possa sempre ser visto em mim.

Senhor, Paulo perguntou aos Gálatas se eles realmente entenderam o que a Lei exigia deles. Eles não conseguiram obedecer toda a Lei, então por que eles deveriam querer estar sob ela?

Senhor, eu sei que vivo na carne e não consigo ser perfeito,
   Eu me dou conta de que não consigo obedecer à Lei.
Obrigado por satisfazer as exigências da Lei em Tua Morte;
   Agora eu viverei para agradar a Cristo.

Senhor, Abraão teve dois filhos, um nascido de uma escrava e o outro nascido de uma mulher livre. O filho nascido da escrava teve parto natural, o outro nasceu de forma sobrenatural de acordo com Tua promessa. A primeira mulher – uma escrava – representava o Monte Sinai, sendo na Arábia, a terra de Ismael, o filho da mulher escrava. A segunda mulher – uma mulher livre – representava o Monte Sião em Jerusalém. Esta tipifica a Jerusalém celestial e é "espiritualmente" livre da Lei.

Senhor, quando nasci de novo pelo Espírito de Deus,
   Tu me deste uma natureza nova para Te obedecer
Que é uma razão muito maior para agir corretamente
   Que tentar obedecer à Lei para Te agradar.

Senhor, Paulo mencionou Isaías para ilustrar esse assunto,
   "Grite por alegria, você estéril que não teve filhos,
Dê gritos de alegria e felicidade você que nunca esteve em trabalho de parto.
   Pois há mais filhos da abandonada
   Que filhos da mulher casada".

Senhor, Paulo contou aos Gálatas que eles eram como Isaque, filhos nascidos da promessa. Os legalistas são como os filhos nascidos de Hagar. Então Ismael perseguiu Isaque, que é o que os Gálatas estão fazendo com ele agora. Paulo lembrou-lhes da Escritura: "Mande a escrava embora e seu filho porque eles não devem ter uma herança com Isaque". Paulo exorta os Gálatas a serem filhos nascidos da mulher livre e não se tornarem filhos nascidos da escrava.

Senhor, eu não me colocarei sob a Lei,
   Com todas as suas punições e maldições;

Eu escolho a liberdade de viver em Cristo,
   Porque o Espírito de Deus vive em meu coração.

Amém.

Características da Vida de Fé

Gálatas 5:1-26

Senhor, eu Te agradeço que Cristo me libertou da Lei,
   Eu não serei acorrentado de novo ao legalismo judeu.
   Eu não serei escravo da Lei.
Eu sequer consentirei de novo as leis religiosas,
   Eu quero que Cristo seja minha liberdade.
A circuncisão não dá a graça de Deus a ninguém
   Pois, se qualquer pessoa acha que ele deve obedecer a uma lei,
   Então ele deve obedecer a qualquer outra lei.
Se qualquer pessoa tenta ser justificada obedecendo à Lei,
   Ele é arrancado da vida de Cristo;
   Ele não está na graça.
Pois pela fé temos a esperança de sermos justos
   E o Espírito Santo opera em nós para fazer isso acontecer.
Pois para Cristo – ser circuncidado ou não – nada significa,
   Eu devo ter a fé que se expressa no amor.

Senhor, Paulo disse que os Gálatas estavam crescendo em Cristo até
que alguém os fez parar de obedecer à verdade. Isso não veio
de Ti, porque Tu originalmente os chamaste. Os judaizantes os
corromperam. Um pouco de fermento simplesmente leveda toda
a massa.

Paulo confiava que os Gálatas não cairiam no legalismo e que os
judaizantes seriam punidos.

Senhor, algumas pessoas disseram que Paulo estava pregando que
a circuncisão era necessária para a salvação. Mas se foi isso que
Paulo estava fazendo, ele não seria perseguido. O fato de Paulo
ser perseguido prova que ele estava pregando a salvação pela
graça apenas pela cruz . Paulo queria que os judaizantes fossem
totalmente isolados dos Gálatas.

Senhor, eu fui chamado para libertar em Cristo,
   Não libertar para seguir minha natureza pecadora
   Mas libertar para servir outras pessoas no amor.
A Lei é resumida por um único mandamento,
   Você deve amar seu vizinho como a si mesmo.
Liberdade não significa atacar os outros
   E destruí-los.
   E destruir qualquer comunhão com eles.

Senhor, eu viverei no Espírito
   E não satisfarei a lascívia da minha natureza pecadora.
Toda energia da minha natureza pecadora
   Luta contra o controle do espírito,
E toda energia do Espírito
   Luta contra ser controlado por minha natureza pecadora.
Essas duas forças estão sempre lutando para controlar minha vida,
   E sinto pressão constante de ambas.
Quando sou controlado pelo Espírito Santo,
   Não sou mais legalista.

Senhor, o fruto da natureza pecadora é a imoralidade sexual,
  Pensamentos impuros, sensualidade, adoração a falsos deuses,
  espiritismo (incentivar os demônios), odiar pessoas, atacá-las,
  inveja dos outros, raiva de tudo, embriaguez, festas de arromba
  e coisas parecidas. Aqueles que cedem a essas coisas não verão o
  reino de Deus.

Senhor, o fruto do Espírito é amor, alegria, paz, paciência, gentileza,
  um espírito generoso, fiel à palavra, gentileza e autocontrole. Isso
  é completamente diferente de tentar viver pela Lei.

Senhor, eu matarei – crucificarei – a lascívia que vier
  Da minha natureza pecadora que tentar controlar minha vida.
Eu viverei pela direção do espírito
  Para que eu possa satisfazer o fruto do Espírito.
Eu não serei ambicioso por minha própria reputação
  Que eu não faça os outros invejosos,
  Mas Cristo seja a paixão da minha vida.

Amém.

A Vida na Fé é Fraternidade

Gálatas 6:1-18

Senhor, quando vejo um cristão acometido pelo pecado,
  Eu humildemente tento colocá-lo de volta no caminho certo.
Eu não me sentirei superior a ele
  Mas me guardarei contra todas as tentações.
Eu carregarei o fardo de outros fiéis
  Para que possa obedecer a Teus comandos.

Senhor, quando as pessoas acham que são importantes,
  Mas realmente nada são,
  Elas acabam se enganando.

Que todos nós possamos fazer o nosso melhor em todas as coisas.
    Para que possamos ter satisfação pessoal
Quando fizermos algo que valha a pena, então
    Não teremos que depender da aprovação dos outros.
Cada um de nós é responsável pelas próprias falhas e pecados.
    Pois ninguém é perfeito.

Senhor, aqueles que ensinam a Palavra de Deus
    Devem ser pagos por aqueles que aprendem com eles.
Senhor, ninguém deve ser enganado
    Ignorando o que Tu queres que eles façam;
    Todos devem ter o tipo de colheita que semearam.
Quando alguém semeia sua natureza pecadora,
    Sua colheita será morte e destruição;
Mas quando semeia para o Espírito Santo,
    Sua colheita será a vida eterna.
Eu não me cansarei de fazer coisas boas
    Porque terei uma boa colheita
Se não desistir.
    Farei o bem a todas as pessoas
    Especialmente para a família da fé.

Senhor, Paulo escreveu com letras grandes, porque tinha problemas de vista. Ele advertiu os Gálatas que os legalistas estavam tentando se tornar populares ao deixarem-nos sob a Lei. Os legalistas seriam perseguidos se admitissem que a salvação vem apenas pela cruz de Cristo. Até os legalistas que ensinam a circuncisão não tentam obedecer ao resto da Lei. Os legalistas querem se vangloriar que os Gálatas eram seus discípulos.

Senhor, longe de mim gloriar-me
    Exceto na cruz do nosso Senhor Jesus Cristo.
Pela cruz mortifiquei – crucifiquei – as atrações do mundo,
    E pela cruz eu crucifiquei minha atração por ele.

Agora não faz diferença se fui circuncidado;
Tudo que importa é meu novo desejo de Te agradar.

Senhor, que a Tua paz e misericórdia estejam em todos os fiéis
Que vivem pelo poder do Espírito
E sobre todos os que pertencem a Ti.

Senhor, Paulo não quis que ninguém o incomodasse mais com esse assunto. Ele foi perseguido o bastante, com cicatrizes para provar.

Paulo orou para que a graça do Senhor Jesus Cristo estivesse sobre os fiéis Gálatas.

Amém.

Efésios

História de como foi escrita a carta aos Efésios

Data: 64 d.C. Escrita de: Roma, Itália. Escrita por: Paulo

Eu estava fora para um passeio com meu guarda romano; esse foi um privilégio que ele me deu nos últimos dias. Eu preguei para ele e ele se tornou um fiel.

Entretanto, o soldado romano andava ao meu lado com atenção e mantinha uma das mãos em sua espada, pois se alguém me matasse, o soldado pagaria com sua vida.

Eu saí para essa caminhada para pensar sobre a carta que eu queria escrever para a igreja em Éfeso, então achei que um passeio pelo rio Pó ajudaria a me concentrar em como formular a carta.

Eu queria escrever uma carta para elogiar os cristãos em Éfeso, mas não sabia como fazer isso. Éfeso era uma igreja forte que havia tido um avivamento no passado. De todas as igrejas que visitei, a igreja em Éfeso era um exemplo de Deus, evangelismo e serviço a Deus.

Eu quero escrever uma carta elogiando-os porque eles usaram todos os benefícios de viver em Cristo. Eu queria que essa carta fosse copiada e enviada a todas as igrejas do mundo mediterrâneo. Eu queria que todos os cristãos lessem que privilégio maravilhoso é ser cristão. Eu não queria me vangloriar deles, temendo que eles ficassem orgulhosos. Além disso, se eu me vangloriasse de determinadas pessoas, a carta não seria eficaz, quando lida em outras igrejas.

Eu orava conforme andava: "Senhor, fale comigo, me diga o que quer que eu escreva". Então eu continuei orando: "Senhor, guie cada palavra que escrevo para que eu escreva a verdade sem erro".

Conforme eu caminhava sob a sombra do prédio do Senado, esse grande prédio do governo estava no alto do céu, refletindo o poder de Roma. Eu fiquei muito impressionado com o domínio físico de Roma; tanto na figura dos soldados quanto nos enormes prédios do governo em torno do Fórum. Fiquei impressionado com o poder de Roma, então decidi lembrar aos efésios do poder que os cristãos têm em Cristo.

Pensei: *"Roma é o poder militar mais dominante da terra, mas Deus tem todo o poder nas alturas"*. Eu gostei do termo alturas e ele ficou guardado na minha mente "as alturas".

Então decidi lembrar aos efésios de seu privilégio em serem cidadãos do Paraíso. Ser cidadão de Roma tem muitas vantagens, mas há mais vantagens em viver nas alturas.

Eu conseguia ver a riqueza de Roma em todos os lugares: nos templos... Coliseu... prédios do governo enormes... ouro e prata em todos os lugares. Mas essas mostras de poder não me impressionaram porque pensei: *"Nas alturas, Deus tem toda a riqueza e, um dia, Ele irá compartilhá-la com todos os fiéis"*. Eu escreverei como os cristãos são ricos em Cristo.

Um freguês de loja empurrou as pessoas para fora do caminho e, antes que ele conseguisse me alcançar, o soldado romano interveio derrubando o grosseiro freguês. Pensei: *"Esse é um exemplo de como o Espírito Santo protege todos os filhos de Deus"*. Pensei conforme continuava a caminhar: *"Mesmo quando não me dou conta do perigo em torno de mim, o Espírito Santo me protege e mantém seguro"*. Os efésios precisam saber que, quando eles são cidadãos das virtudes, Deus envia Seu Espírito Santo para protegê-los.

Enquanto eu andava por um templo imenso – entre os mais de 100 templos em Roma – o soldado começou a me explicar as diferenças entre a grandeza do templo de Herodes em Jerusalém em contraste com a grandeza de Roma. O soldado servira em Jerusalém, e então disse: "Nunca houve uma rebelião em Roma, mas em Jerusalém há pelo menos duas rebeliões de judeus renegados a cada ano".

Eu ri e concordei com ele, pois sabia dessas células terroristas judias e havia visto os resultados de seu trabalho. Roma era muito rápida em executar aqueles que se rebelavam contra o seu poder.

Olhando em volta, à medida que andávamos, eu vi os resultados do governo forte de Roma. Todos obedeciam às leis em Roma; não havia roubos, infrações, rebelião. O soldado recomendou: "Quando estiver em Roma, viva como um romano, senão obedeça às leis romanas". Então comecei a pensar em formas de dizer aos efésios para viver por Jesus Cristo. Minha carta diria a eles como caminhar como cidadãos das alturas.

Eu comecei a comparar isso com o dever do cristão de obedecer ao Pai e a Jesus Cristo. Em cada parte de sua vida, os cristãos devem submeter-se ao governo de Deus, seja uma esposa submetendo-se ao seu marido, servos submetendo-se aos seus senhores, ou cidadãos submetendo-se ao seu governo. Então eu parafraseei o que o soldado havia dito: "Os cristãos devem viver na presença de Deus como Deus espera que os cristãos vivam".

O passeio no sol havia sido bom para mim, os pensamentos se detiveram na *riqueza* que eu tenho como cristão, e o que Deus espera da minha caminhada, enquanto cada soldado me fez lembrar de batalha. Ao final da minha caminhada, decidi que o tema da minha carta aos efésios seria *riqueza, caminhada* e *batalha* dos fiéis.

Tanto Roma quanto Éfeso foram capitais, Roma era capital do Império, enquanto Éfeso era capital de toda a Turquia – Ásia Menor. Eu quero tirar o foco dos fiéis de Roma e Éfeso. Eu quero que eles saibam que possuem muitas riquezas em depósito nas alturas.

"Vivemos em dois mundos", pensei. *"Enquanto devemos trabalhar fielmente neste mundo físico, também apreciamos nossas bênçãos no mundo celestial".*

Quando voltei para meu alojamento, disse a Tíquico: "Tenho uma tarefa para você, algo que gostará de fazer". Então expliquei-lhe que ele iria à Turquia entregar cartas em Éfeso e Colosso. Ao chegar lá, ele leria essas cartas para as congregações. Em seguida, as igrejas copiariam as cartas e as transmitiriam às igrejas mais afastadas.

Apesar de estar em correntes, me senti seguro na cidade de Roma, porque estava vivendo à sombra da força do Império Romano. Mas essa era a segurança física. Eu também sei que estou vivendo na presença do Deus que protege a minha alma. Roma apenas protege o meu corpo.

"Então escreverei esta carta aos cristãos em Éfeso, para que eles tirem vantagens de sua posição em Cristo, como eu tiro vantagem de viver na presença da Roma política".

Sinceramente em Cristo,
Apóstolo Paulo.

Orações baseadas na Carta aos Efésios

Sua Nova Posição na Graça

Efésios 1:1-23

Senhor, Paulo, Teu embaixador, escreveu esta carta para os fiéis em Éfeso, que confiaram em Ti para dar-lhes a vitória espiritual em toda parte de suas vidas. Eu também quero a mesma vitória em Cristo.

Senhor, eu quero a graça que vem de Ti, o Pai, e de Jesus Cristo, meu Salvador, e Senhor da minha vida. Abençoa-me com toda benção espiritual que vem do Paraíso.

Senhor, obrigado por me escolher no amor antes da criação do universo para que eu pudesse ser santo – separado do pecado e da imperfeição. Escolheste-me para entrar em Tua presença para Te cultuar e louvar.

Senhor, obrigado por me escolheres para ser Teu filho de acordo com Teu plano de salvação. Que eu possa trazer louvores a ti, ó Pai, proporcionais à glória que tens. Cristo tornou-me aceito por Ti na graça do Teu amor.

Senhor, meus pecados são perdoados pelo derramamento do sangue de Cristo. Essa redenção vem da grandeza de Sua graça que foi dada a todos os fiéis.

Senhor, eu Te louvo pelo plano que projetaste, antes da Criação, de cumprir Tua vontade em minha vida e na vida de todo o fiel, para que tudo no Paraíso e na terra reúna-se para a salvação dos perdidos.

Senhor, eu recebo a grande herança espiritual que planejaste de acordo com o infinito propósito que tens para mim e para cada um que colocou sua confiança em Tua salvação. Que eu possa Te trazer louvor proporcional à glória que tens.

Senhor, quando ouvi a mensagem de Tua verdade – o Evangelho – que me libertou, coloquei minha confiança em Ti e fui selado pelo Espírito Santo que garantiu minha vida eterna até eu ser chamado para o arrebatamento e, assim, Te trazer a glória.

Senhor, desde que confiei em Ti, tenho amor por todo Teu povo. Estou sempre Te agradecendo em minhas orações, pedindo que me dês total sabedoria e entendimento para que eu possa ter total conhecimento de Ti.

Senhor, peço-Te que abras meus olhos para eu entender a esperança para a qual me chamaste, e para ver as riquezas gloriosas da herança que me deste, e sentir a grandeza do Teu poder atuando em mim. É o mesmo poder imenso que levantou Cristo dos mortos e O fez sentar-se à Tua direita, meu Pai celestial, muito acima das regras, autoridades e poder terreno neste mundo ou no mundo ainda por vir.

Senhor, todas as coisas foram colocadas sob os pés de Cristo e a Ele foi dada autoridade sobre tudo para beneficiar a igreja, que é o Teu Corpo, total expressão de Tua vida. Cristo preenche tudo e Tua presença está em todos os lugares.

Amém.

Sua Nova Salvação

Efésios 2:1-22

Senhor, mesmo quando eu estava morto em meus pecados, deste-me vida espiritual em Cristo. Antes de ser cristão, minha vida era influenciada pelo mundo e eu era tentado por poderes satânicos, e fui manipulado pelo espírito rebelde das pessoas em volta de mim.

Senhor, eu confesso que vivi para realizar a lascívia da carne, e autopromoção, e era tão rebelde quanto outras pessoas que são iradas contra Ti.

Por Ti, Senhor, estou rico em misericórdia, devido ao Teu grande amor por mim. Quando eu estava morto em pecados, vivificaste-me com Cristo – essa é Tua graça que me salvou – e me elevou junto com Cristo, e me fez sentar junto com Ele nos lugares celestiais. Então, nas eras por vir, irás sempre me mostrar as riquezas abundantes da Tua graça por Cristo Jesus.

Senhor, sou salvo pela graça porque coloquei minha fé em Ti, não foi meu próprio feito, mas Teu presente para mim. Não posso me vangloriar de ter tido alguma coisa a ver com isso. Fizeste de mim o que sou, uma nova pessoa criada em Cristo Jesus, para Te servir fazendo boas obras, que planejaste que eu fizesse.

Senhor, lembro-me de que antes eu era escravo dos meus desejos carnais – os judeus que circuncidavam sua carne exterior não eram melhores – porque nós fomos separados de Ti, Pai celestial. Eu não era parte de Tua família, e não era herdeiro das suas alianças, mas viciado nos prazeres mundanos, sem esperança e sem a salvação.

Mas agora, Senhor, estou unido com o Senhor Jesus Cristo. Eu estava distante, mas agora sou um com Cristo pela Sua morte, que me deu Sua paz, que me reuniu com todos os outros fiéis em Seu Corpo. Foi a morte física de Cristo que destruiu o muro que separava as pessoas de Ti, o Pai celestial.

Cristo, Tua morte satisfez os encargos legais contra mim e trouxe todos os fiéis à união contigo, dando-me a paz de Deus.

Cristo, por Tua morte na cruz, uniste todos em um Corpo e nos trouxeste todos de volta ao Pai. Cristo, trouxeste paz àqueles que estavam distantes, em rebelião, e àqueles que estavam próximos, mas em obras hipócritas. Apenas por meio de Ti todos nós somos capazes de receber a presença do Pai pelo Espírito Santo.

Cristo, aqueles que já foram rebeldes no pecado não são mais estrangeiros ou estranhos, mas sim membros do Teu corpo com as pessoas que antes tentavam se salvar obedecendo à Lei. Ambos são, agora, um edifício construído na fundação dos apóstolos e profetas, tendo a Ti mesmo como fundamento.

Cristo, mantiveste o edifício e o fizeste crescer. É um santuário onde Tua presença habita. Aqueles que são Teus seguidores estão sendo edificados com outros fiéis em um prédio – um santuário – onde o Pai vive pelo Espírito Santo.

Amém.

Seu Novo Lugar na Igreja

Efésios 3:1-21

Senhor, Paulo tornou-se prisioneiro de Roma, porque foi capturado primeiro por Cristo, o Messias dos judeus. Foi dada a Paulo essa tarefa especial de evangelizar os gentios e ele foi preso, porque persistiu em pregar aos gentios.

Senhor, deste a Paulo a revelação de seu ministério aos gentios. Não revelaste a verdade da pregação aos gentios em gerações anteriores, mas agora, pelo Espírito Santo, revelaste essa tarefa a Paulo e Teus apóstolos e profetas.

Senhor, em Teu plano secreto misterioso, quiseste que os gentios compartilhassem igualmente com os judeus todas as riquezas espirituais disponíveis aos Teus filhos. Os judeus e gentios hoje são um corpo em Cristo. Agora devido ao que alcançaste em Tua morte em sacrifício, ambos são herdeiros e participantes conjuntos no mesmo corpo – a Igreja – devido a sua crença no Evangelho. Essa é a mensagem da graça que deste a Paulo para que ele desse ao mundo.

Senhor, a Tua mensagem foi dada a Paulo, a pessoa que menos merecia no mundo. Antes de Paulo ser salvo, ele cegamente fez com que as pessoas fossem mortas em seu zelo de obedecer à Lei do Antigo Testamento. Mas escolheste Paulo para contar aos gentios a respeito dos tesouros espirituais agora disponíveis para eles. Paulo foi escolhido para contar a todos o Teu plano secreto misterioso que Tu, o Criador, ocultaste no começo. Agora os virtuosos de Teu plano são vistos por todos, aqueles judeus e gentios estão reunidos em Teu corpo, a Igreja. Esse plano foi executado por tua graça e é oferecido a todos como redenção.

Senhor, Paulo sofreu por causa dessa verdade. Eu não sou desencorajado, quando tenho de passar por tribulações e perseguições. Ao contrário, eu fico honrado e estimulado em conseguir ser um testemunho da verdade.

Senhor, devido a minha fé em Ti, posso vir sem medo à Tua presença, sabendo que me receberás e ouvirás minha solicitação.

Senhor, porque todos são aceitos por Ti devido a Cristo, eu me prostro diante de Ti, o Pai, o Criador do céu e da terra, pedindo para que

Teu poder me dê força interior pelo Espírito Santo para que Cristo possa fazer Sua morada em meu coração pela fé, e que eu seja enraizado e arraigado em Teu amor.

Senhor, também oro pela capacidade de entender – conforme todos os Teus filhos devem entender – quão amplo, grande, alto e profundo é o Teu amor.

Senhor, mais uma vez eu oro para sentir completamente o Teu amor – apesar de ele estar acima da minha compreensão – para que eu possa ser preenchido com a plenitude que vem apenas de Ti.

Senhor, eu oro para que operes Teu imenso poder em mim para fazer muito e abundantemente acima de tudo que eu ouso pedir ou achar. Agora, a Ti seja toda glória pelos séculos dos séculos e para sempre.

Amém.

Caminhe Digno de Sua Nova Posição

Efésios 4:1-32

Senhor, eu quero ser teu prisioneiro, da mesma forma que Paulo. Ajuda-me a viver uma vida digna do chamado que me deste.

Senhor, quero ser humilde, gentil e paciente com as pessoas, tolerando suas falhas, devido ao Teu amor e aceitação por elas. Ajuda-me a preservar a unidade do Espírito Santo e a viver em paz com outros fiéis.

Senhor, eu reconheço que todos os fiéis estão em um corpo, colocados ali pelo batismo e todos nós temos o mesmo chamado para a mesma esperança. És Senhor acima de nós, compartilhamos a mesma fé, um batismo e Tu és o único Deus e Pai que está em cada um de nós e vive em cada um de nós.

Senhor, deste o dom espiritual a cada um de nós de acordo com Teu Espírito generoso. É por isso que as Escrituras dizem,

Após subires ao alto do céu,
Levaste aqueles que conquistaste,
E deste dons espirituais a todos os Teus seguidores.

A expressão "subiste" significa que voltaste ao Paraíso após teres vindo para viver e morrer na terra. Então, desceste às partes inferiores da terra – inferno – para levar os santos do Antigo testamento ao céu. Agora governas o céu e todo o universo.

Senhor, deste dons espirituais aos Teus seguidores, alguns apóstolos, alguns profetas, alguns evangelistas, e alguns pregadores-pastores. O dever deles é equipar Teu povo para fazer a Tua obra e construir o Corpo, Tua igreja, até que todos nós fiquemos unidos na fé e conhecimento da Tua vontade, para que cada um de nós cresça até à maturidade plena, de acordo com o parâmetro que estabeleceste.

Senhor, sei que meu padrão é ser semelhante a Cristo.

Senhor, não quero ser como uma criança, sempre mudando de ideia sobre o que acredito, porque alguém me diz coisas diferentes, ou porque alguém me orienta mal. Ao invés disso, ajuda-me a me manter na verdade no amor, crescendo mais como Tu a cada dia, porque és o líder de todos nós, estás além do Corpo do qual somos membros. Sob Tua liderança, cada parte do Corpo ajudará as outras a crescerem para que todos nos tornemos fiéis maduros, e todo o Corpo se torne maduro no amor um pelo outro.

Senhor, não vivo mais da forma que os profanos vivem, porque eles não entendem Teus meios. Suas mentes são espiritualmente cegas e estão distantes de Ti, ó Pai, porque afastaram suas mentes da verdade, e resistem à Tua vontade. Eles não se importam em fazer o certo e se entregaram a imoralidades. Suas vidas estão cheias de imundície a ganância.

Senhor, não é desse jeito que me ensinaste a viver. Disseste-me para me afastar da antiga natureza má, porque ela é profundamente impregnada de lascívia e mentira. Disseste-me para ser renovado espiritualmente em meus pensamentos e atitudes, então vesti a nova natureza para ser devoto, justo e santo.

Senhor, afastar-me-ei da mentira e direi a verdade a todos, porque somos próximos um do outro em Teu corpo. Eu irei parar de ter raiva e pecar contra outras pessoas, não deixarei o sol cair sobre minha ira porque a raiva dá espaço para que o inimigo entre em minha vida.

Senhor, o ladrão deve parar de roubar e trabalhar por uma vida honesta, então doar a todos que têm necessidades.

Senhor, aquele que amaldiçoa deve parar de usar linguagem imunda. Ele deve apenas permitir que palavras boas saiam de sua boca para serem úteis àqueles que o ouvem.

Senhor, eu não entristecerei ao Espírito Santo vivendo uma vida pecaminosa, porque Ele me selou com a autoridade de Sua presença que me manterá até o último dia da redenção.

Senhor, eu me livrarei de toda amargura, raiva, insultos, palavras mesquinhas e blasfêmia, junto com a retaliação vingativa. Ao invés disso, serei gentil com os outros, terno, perdoando as pessoas como Tu, Pai, me perdoaste, por causa de Cristo.

Amém!

Caminhem Dignamente Como Filhos de Deus

Efésios 5:1-33

Senhor, seguir-Te-ei como uma criança segue seus pais, porque sou Teu filho. Caminharei no amor dos outros como Cristo me amou e demonstrou isso dando-Se como um sacrifício doce e aceitável a Ti, meu Pai.

Senhor, eu não me envolverei em pecados sexuais ou ações imundas ou ganância, porque essas coisas são contrárias a Deus. Eu também não serei conhecido por discurso imundo, conversas tolas e pouco importantes, mas serei gracioso em todas as coisas.

Senhor, eu sei que não há lugar em Teu reino para aqueles que são sexualmente viciados, nem para os de mente humana ou pessoas gananciosas. Não importa o quanto as pessoas desculpem esses pecados, Tu, Pai, ainda os punirás, como farás com todos aqueles que desobedecem. Por isso, não me envolverei nessas coisas.

Senhor, andei na escuridão no passado, mas agora tenho Tua luz; caminharei nela.

Senhor, eu quero o fruto do Espírito em minha vida; eu quero ser bom e fazer o que é certo, e dizer a verdade para que possa ser aceitável a Ti.

Senhor, eu não terei nada a ver com as obras das trevas, mais irei mostrá-las, lembrando-lhes que é vergonhoso falar de coisas que as pessoas fazem em segredo. Mas quando a luz brilha sobre elas, seus feitos são revelados claramente pelo que eles são. É por isso que se diz:

"Desperta, ó tu que dormes, levanta-te dentre os mortos
e Cristo resplandecerá sobre ti".

Por isso Senhor, terei cuidado com a forma como vivo minha vida, não como tolo, mas como sábio. Eu usarei meu tempo de forma sábia porque esses dias são maus. Eu não serei tolo, mas tentarei entender Tua vontade para minha vida.

Senhor, eu não beberei vinho, porque perderei controle de mim mesmo. Ao contrário, deixarei o Espírito Santo sempre me preencher e controlar. Então cantarei salmos, hinos e músicas espirituais com outros fiéis, fazendo música em meu coração para Ti.

Senhor, sempre Te agradecerei por tudo, Pai, em nome do meu Senhor Jesus Cristo.

Senhor, serei submisso a outros fiéis por reverência a Ti. Eu sei que as esposas devem se submeter aos seus próprios maridos, da mesma forma que elas o fazem contigo. Pois o marido é a cabeça da esposa, da mesma forma que Cristo é a cabeça do Corpo e seu Salvador. Da mesma forma que o Corpo se submete a Cristo como sua cabeça, as esposas devem se submeter ao seu marido em tudo.

Senhor, os maridos devem amar suas esposas, da mesma forma que Cristo amou a Igreja e deu Sua vida para torná-la santa e limpa, pela limpeza da Palavra de Cristo. Cristo fez isso para tornar a Igreja gloriosa, sem manchas, rugas ou cicatrizes. Os maridos devem amar suas esposas como amam seus corpos porque o homem está, na verdade, cuidando de si mesmo, quando ama sua esposa. Ninguém odeia seu corpo. Ao contrário, um homem irá alimentar e cuidar do seu corpo, da mesma forma que Cristo cuida de Seu Corpo, a Igreja.

Senhor, as Escrituras ensinam que o homem deve deixar seu pai e sua mãe e se juntar a sua esposa e os dois se tornarem um. Esse é um grande mistério; mas ilustra o relacionamento entre Cristo e a

Igreja. Para que cada homem ame sua esposa da forma que ama a si mesmo; e a esposa respeite seu marido.

Amém.

Sua Guerra Espiritual Como Fiel

Efésios 6:1-24

Senhor, os filhos devem obedecer a seus pais porque eles pertencem a Ti, pois isso é o que queres que façam. Um dos Dez Mandamentos tem uma promessa que afirma: "Honra teu pai e tua mãe para que tudo te vá bem na terra e que tenhas uma vida longa e próspera".

Senhor, não queres que os pais irritem seus filhos porque isso os deixa ressentidos. Ao contrário, queres que os pais os criem com disciplina positiva, que aproves.

Senhor, queres que os funcionários obedeçam e respeitem seus empregadores, e temam em desagradar seus chefes, da mesma forma que eles temem desagradar-Te. Eles não devem trabalhar muito apenas para impressionar o chefe, quando ele está observando, mas devem colocar paixão em seu trabalho como se trabalhassem para Ti. Porque recompensarás a todos por seus bons serviços, sejam eles chefe ou funcionário. E os chefes devem tratar seus funcionários bem, não ameaçá-los, porque ambos trabalham para Ti e Tu não tens favoritos.

Senhor, eu serei forte em Teu poder e vestirei a armadura espiritual para que possa me colocar contra a estratégia enganadora do inimigo. Não estou lutando contra seres humanos de carne e osso, mas contra poderes malignos, autoridades e demônios do mundo invisível; e estou lutando contra os poderes imensos das trevas e seus truques. Estou lutando contra espíritos imundos que influenciam este mundo com seu reino sutil.

Senhor, usarei cada pedaço de Tua armadura para quando o mal vier. Conseguirei resistir e ganhar a batalha. Com Tua ajuda, ficarei na batalha com Tua verdade firme em torno da minha cintura. Eu cobrirei meu peito com a armadura da justiça de Deus e usarei os sapatos da paz que vem das boas-novas do Evangelho. Carregarei o escudo da fé para conter todas as flechas e dardos flamejantes do maligno. Usarei o capacete protetor da salvação e me protegerei com a espada do Espírito, que é a Palavra de Deus.

Senhor, orarei todas as vezes, com todo tipo de intercessão e guerra espiritual. Orarei persistente e corajosamente por todos os cristãos de todos os lugares.

Senhor, orarei pelas pessoas que ministram por Ti, para que elas tenham coragem e as palavras certas para proclamar a mensagem das boas-novas do Evangelho. Essa foi a solicitação de Paulo e o motivo pelo qual ele estava acorrentado em Roma. Da mesma forma que Paulo orou pedindo força para continuar compartilhando o Evangelho, essa é minha oração por mim e todos os seus ministros.

Senhor, Tíquico entregou esta carta aos santos em Éfeso e falou-lhes sobre Paulo para que eles fossem incentivados.

Senhor, quero Tua paz governando meu coração, então me dê um amor profundo para viver por Ti. Eu quero Tua graça em minha vida e na de todos que Te amam profundamente e com amor eterno.

Amém.

Filipenses

História de como foi escrita a carta aos filipenses

Data: 64 d.C. Escrita em: Roma, Itália. Escrita por: Paulo

Ontem, Epafrodito chegou em Roma trazendo uma grande doação para mim e os outros da igreja em Filipos. Precisávamos do dinheiro, porque há alguns de nós morando nesse local e alimentamos muitos soldados e visitantes.

Teófilo originalmente deu uma grande doação a Lucas pela escrita do Livro dos Atos, mas ela estava começando a acabar. Eu sabia que Deus cuidaria de nossas necessidades e Deus ouviu nosso pedido antes que o dinheiro chegasse de Filipos.

"Eu devo escrever e agradecê-los por sua doação", disse a Silas e Timóteo.

O dia estava ensolarado e uma brisa quente soprava entre os prédios e nosso apartamento. Os ventos frios de inverno já haviam sumido e, a cada dia, o sol subia mais alto nos céus. Isso significava que, cada dia mais, o sol ia batendo em nosso apartamento. Eu conseguia sentir o cheiro da primavera no ar, as plantas nos vasos estavam começando a brotar folhas novas.

"Este é um dia de grande alegria!", falei a Lucas. Mas, um dos defensores públicos lembrou-me: "Não se esqueça de que você ainda é um dos prisioneiros de Nero, ainda está acorrentado, e há um guarda na porta que vigia tudo o que você faz".

"Sim... mas nós temos Cristo... e o tempo é de alento... e estamos em Roma, a cidade mais poderosa do mundo... e o Evangelho está alcançando esta grande cidade."

Eu estava feliz pelo que Deus havia feito por mim, e o dinheiro extra só servia para me dar mais força.

"Devo escrever aos Filipenses e contar-lhes sobre quão prazeroso é servir a Deus... mesmo se estou acorrentado." Eu agitei minhas correntes para que todos no cômodo ouvissem. Eles sorriram com timidez.

Na manhã seguinte, eu estava na varanda pronto para ditar uma carta para os Filipenses. Eu conseguia ouvir os mercadores no implorando às mulheres que comprassem suas mercadorias. Era de manhã cedo e elas saíram para comprar seu pão de cada dia.

Comecei minha carta: "Paulo e Timóteo, servos de Jesus Cristo, para todos os santos em Filipos com os anciãos e diáconos...".

Reclinei-me em minha cadeira e sorri com a introdução. Eu não precisava lembrar a ninguém da minha autoridade apostólica, principalmente em Filipos. Essa era uma igreja que me amava e orava por mim. Não havia qualquer heresia teológica na igreja para corrigir. O único problema eram duas mulheres idosas que faziam estardalhaço por tudo. Escreverei que Evódia e Síntique honram uma a outra. A repreensão na frente de todos deve corrigir o problema.

A igreja de Filipos foi estabelecida em minha primeira viagem à Grécia. Ela não apenas era uma igreja próspera, mas eles prontamente recebiam e estudavam a Palavra de Deus. As pessoas são firmes na Escritura.

Filipos é uma colônia romana, daí a forte presença da Lei e ordem nas ruas. Mas não há muitos judeus ali, então não existem sinagogas. Dou-me conta de que em lugares como Salênica, Éfeso e Corinto havia judeus briguentos que me atacaram porque existiam sinagogas naquelas cidades.

Além disso, nas cidades onde existem sinagogas, os judaizantes pressionam muito os cristãos nessas igrejas jovens. Mas isso não ocorria em Filipos.

Um vendedor de rua gritava na varanda, interrompendo meu pensamento sobre a outra igreja. Eu voltei minha escrita aos Filipenses. Escrevi que apesar de estar acorrentado, o Evangelho é pregado no palácio de César. E essas correntes também me lembravam de que quatro vezes por dia um soldado romano vinha para me vigiar. Essas são quatro oportunidades por dia de apresentar o Evangelho ao soldado. Quando eles aceitam Jesus Cristo como salvador, tornam-se mais que uma representação do Império Romano, tornam-se soldados de Deus no Reino da Graça. Quando seus deveres os transferem para o palácio, eles pregam a Cristo. Mas, o mais importante é que esses soldados são transferidos para lugares em todos os cantos do Império Romano. Deus os usa para espalhar o Evangelho de Jesus Cristo aos confins da terra. Eles ajudaram a realizar o último mandamento de Jesus à igreja.

Conforme continuei escrevendo aos Filipenses, eu não podia evitar usar as palavras *alegria* e *regozijo*. O dia bonito me fez regozijar em Cristo. Mas as pessoas em Filipos também são pessoas boas, elas estão felizes no Senhor. Sua reputação alegre facilitou a escritura desta carta de esperança.

Epafrodito entregará essa carta em Filipos. Eu lhe direi que oriente as pessoas de lá a permitirem que os pregadores itinerantes que chegam à sua cidade copiem essa carta para compartilhar com outras igrejas.

Sinceramente em Cristo,
Apóstolo Paulo.

Orações Baseadas na Carta aos Filipenses

A Confiança de Paulo Apesar do Sofrimento

Filipenses 1:1-30

Senhor, Paulo e Timóteo consideravam-se Teus escravos,
    Eu também serei Teu escravo, és meu Mestre.
Eles escreveram a todos os santos e líderes da igreja em Filipos
    Cumprimentando-os com Tua graça e paz,
Paulo agradeceu a Deus por sua salvação e vida devota;
    Da mesma forma, sou grato pela minha salvação,
    E me regozijo nas oportunidades de orar por minha família e amigos
Devido à sua parceria em me ajudar a proclamar as boas-novas
    Desde a primeira até agora.

Senhor, sei que como começaste a boa obra da salvação
    Continuarás em mim até o dia de Tua volta;
Estás sempre em meu pensamento e coração,
    Então é justo que eu tenha essa confiança.

Senhor, deste-me o privilégio de Te servir
    Nas situações difíceis e nos bons dias;
A segurança profunda vem apenas de
    Teu coração, oh, Cristo Jesus, meu salvador

Senhor, oro para que meu amor à família e amigos continue a crescer.
    E que eles cresçam no conhecimento verdadeiro
E entendimento perfeito de Ti,
    Para que eles sempre façam as melhores escolhas

E vivam vidas puras e sem culpa.
    Eu quero que eles fiquem cheios de todas as boas qualidades
Que apenas Tu podes produzir neles;
    Eu oro isso por Tua glória e louvor.
Senhor, que minha família e amigos entendam o que
    Fizeste em meu coração
    Que me faz compartilhar o Evangelho com outras pessoas.
Todos eles sabem bem que sou Teu escravo;
    Isso deu-me coragem para Te servir
    E espalhar Tua mensagem sem medo.

Senhor, sei que algumas pessoas pregam a mensagem de Cristo
    Por inveja ou competição,
    Mas outros pregam com coração puro.
Elas são motivadas por Teu amor
    Porque deste essa tarefa a todos nós.
Mesmo assim outros pregam Cristo pelos motivos errados
    Fazendo isso por orgulho egoísta.
Não me importo quais são seus motivos,
    Desde que Tu, Cristo, seja pregado.
Quer por motivos certos ou errados,
    Eu me regozijarei e continuarei a regozijar-me
Porque eu sei que usarás a mensagem
    Para libertar muitas pessoas.

Senhor, é meu desejo e esperança sinceros
    Que eu nunca Te envergonhe,
Mas que com toda a coragem como sempre
    Você será aumentado em meu corpo
    Seja pela vida ou pela morte.
Senhor, minha paixão é viver por Ti, oh, Cristo,
    E, se eu morrer, será meu ganho.

Se eu continuar vivendo em meu corpo,
  ainda continuarei servindo a Ti.
Então não tenho certeza de qual opção eu quero,
  Eu quero deixar este corpo para estar contigo
  Que parece ser a melhor escolha para mim.
Mas se eu ficar neste corpo para Te servir,
  Ainda posso realizar muitas coisas por Ti.
Então, tenho certeza de que se eu ficar e continuar meu ministério,
  Posso continuar Teu trabalho em muitos fiéis.

Senhor, oro para que minha família e amigos continuem a viver por Ti,
  Que se eu permanecer nesta terra ou morrer,
  Eles continuem firmes em sua fé no Evangelho.

Senhor, oro para que eles não tenham medo de seus inimigos,
  Mas que permaneçam corajosos sob Teu cuidado;
Porque o testemunho de minha família e amigos
  Condenará seus inimigos de seu pecado
  E os tornará cientes da perdição.

Senhor, deste a todos nós o privilégio de crer em Ti,
  Mas também de sofrer por Teu nome;
Minha família e amigos estão na mesma luta –
  O que eu luto eles também lutam.

Amém.

Cristo, Padrão Para os Fiéis

Filipenses 2:1-30

Senhor, quero a mesma harmonia para os fiéis hoje, que Paulo quis para os Filipenses;

Muitos fiéis têm um propósito na vida
>   Porque todos nós pertencemos a Cristo,
>   E somos incentivados por Teu amor,
>   E temos comunhão com o Espírito Santo.
Tornaste nossos corações ternos e misericordiosos,
>   E temos o propósito comum de glorificar Jesus Cristo,
>   E amar um ao outro, e trabalharmos juntos para servir a Ele.
Senhor, ajuda-me a manter os desejos egoístas fora de foco,
>   E me afastar do egoísmo.
Ajuda-me a considerar os outros melhor que a mim mesmo,
>   E me impedir de pensar apenas em mim
>   Ajuda-me a ter interesse em outras pessoas
>   E não apenas em meus próprios assuntos.

Senhor, quero a mesma atitude com os outros,
>   Que Jesus mostrou por Seu exemplo de humildade,
Apesar de Jesus ser Deus
>   Ele não abriu exceções para Si mesmo devido à Sua divindade.
Ao contrário, Jesus esvaziou-Se
>   E assumiu a carne humana e Se tornou servo.
Ele Se humilhou ainda mais;
>   Jesus tornou-Se obediente até à morte
>   E morreu como criminoso na cruz.
Por isso, elevaste Jesus para a posição mais alta possível
>   E deste a Ele o nome acima de todo nome.
Para que em nome de Jesus,
>   Todos os joelhos se dobrem no Paraíso, terra e sob a terra,
E toda língua declare que Jesus Cristo é o Senhor,
>   Para Tua glória, Oh, Pai.

Senhor, Paulo lembrou aos Filipenses que eles seguiam suas instruções
>   quando ele estava com eles. Agora ele quer que eles sejam tão

obedientes enquanto ele está longe deles, porque sua reverência e medo demonstram a todos sua salvação.

Senhor, dá-me um desejo mais profundo de Te servir, da mesma forma que deste aos Filipenses o poder de Te agradar.

Ajuda-me a fazer tudo sem recuar ou reclamar
Para que eu possa ter um testemunho, sem culpa e sem falha, para todos.

Ajuda-me a viver uma vida limpa como Teu filho
Para que eu seja uma luz num mundo escuro e sem lei.

Senhor, ajuda-me a agarrar firmemente a Palavra da vida
Para que eu seja fiel até Cristo voltar.

Senhor, ajuda-me a correr minha corrida com vitória
Para que minhas obras não se tornem inúteis.
Mesmo se eu tiver uma morte de mártir como Paulo,
Regozijar-me-ei nesta oportunidade.

Senhor, Paulo queria enviar Timóteo para os Filipenses para descobrir como eles estavam convivendo. Isso incentivaria Paulo. Porque Timóteo era o ajudante de confiança de Paulo que colocava os interesses das outras pessoas à frente dos seus.

Senhor, Paulo era grato por Timóteo ser como um filho para ele. Timóteo também se sacrificou com Paulo pelo Evangelho. Paulo contou-lhes assim que seus assuntos em Roma estavam resolvidos, que ele planejava visitá-los em Filipos.

Senhor, Paulo também queria enviar Epafrodito de volta aos Filipenses. Ele havia trazido dinheiro deles para Paulo. Paulo estava preocupado, porque os Filipenses ouviram dizer que Epafrodito estava doente e quase morreu. Mas Deus teve misericórdia e ele viveu. Paulo disse que sua morte seria um peso impensável.

Senhor, Paulo estava ansioso para mandar Epafrodito de volta para
vê-los, porque os Filipenses queriam vê-lo. "Dar boas-vindas a ele
com amor cristão", disse Paulo. Epafrodito quase morreu fazendo
por Paulo as coisas que os Filipenses não podiam fazer para Paulo
porque eles estavam muito distantes.

Amém.

Cristo, Objeto do Desejo dos Fiéis

Filipenses 3:1-21

Senhor, não importa o que aconteça em minha vida – seja bom ou
ruim –
Eu quero me regozijar em Tua providência para mim,
Da mesma forma que Paulo nunca se cansou de regozijar-se em
Tua providência para ele.

Senhor, mantenha-me seguro das pressões dos legalistas de espírito
mesquinho
Que me mordem como um cão.
Eles querem que todos obedeçam à Lei para serem salvos.

Senhor, eu tenho a verdadeira circuncisão do coração e Te adoro
No Espírito Santo, e me regozijo em Cristo Jesus.

Senhor, Paulo tinha mais qualificações que todos os legalistas,
na verdade, ele poderia ter sido o melhor de todos os rígidos
legalistas. Mas Paulo não confiava na carne, e sim na Tua graça.

Senhor, Paulo nasceu judeu da tribo de Benjamim, foi circuncidado
ao oitavo dia de vida. Falava hebraico, obedecia à Lei como
um fariseu, e perseguia a igreja. Todos o consideravam
irrepreensível.

Senhor, da mesma forma que Paulo considerou as imperfeições de seu legalismo irrelevantes, ajuda-me a dar conta de que a Lei é inútil para me proporcionar comunhão íntima com Cristo.

Senhor, da mesma forma que Paulo desistiu de tudo por Cristo, eu também abro mão de tudo para ter uma comunhão íntima com Ele.

Sim, Senhor, eu desisto de tudo pelo conhecimento de Cristo e não considero as outras coisas um tesouro porque Cristo tornou-Se meu tesouro.

Senhor, agora estou unido a Cristo, não tendo minha honradez baseada em legalismo, mas baseada na fé para receber a justiça de Cristo.

Senhor, eu quero sentir Cristo e o poder de Sua ressurreição; eu quero saber o que significa sofrer com Ele.
E compartilhar a espiritualidade em Tua morte;
   E com o tempo ser ressuscitado dos mortos.

Senhor, eu ainda não alcancei o objetivo de Cristo,
   Mas continuo a buscá-lo,
   Para que possa me tornar uma pessoa dominada por Cristo
   Para a qual originalmente me orientaste.

Senhor, sei que não consegui o objetivo;
   Eu não considero minha vida perfeita,
Mas concentro todas as minhas energias nisso,
   Esqueço diariamente as realizações e falhas passadas
   E fico ansioso pelo que está por vir.
Continuo doando toda minha energia para ganhar o prêmio
   De Teu chamado ascendente em Cristo Jesus.

Senhor, todos os fiéis espirituais devem estar fazendo a mesma coisa;
   Mas muitos não estão buscando a Cristo.
Mostra-lhes o que devem fazer.

Todos devem viver no nível que aprenderam
E obedecer a verdade que conhecem.

Senhor, ajuda-me a seguir o exemplo de Paulo.
  E aprender com o parâmetro que ele estabeleceu para todos os fiéis.
Há muitas pessoas que vivem como inimigos de Cristo;
  Paulo nos falou sobre essas pessoas.
Elas caminham rumo à destruição,
  Sua barriga é seu deus,
Eles têm orgulho de seu pecado
  Quando deveriam ter vergonha dele;
  Eles vivem para desfrutar deste mundo.

Senhor, sou cidadão do Céu
  E espero pelo meu Salvador, Jesus Cristo
  Para vir e me colocar ali.
Então, Ele transformará meu corpo finito
  Para ser como Seu corpo glorioso.
  O mesmo poder Ele usará
  Para conquistar tudo na terra.

Amém.

Cristo, a Força dos Fiéis

Filipenses 4:1-23

Senhor, Paulo queria ver seus amigos em Filipos que ele havia ganho para Cristo, porque eles eram o fruto de seu trabalho.

Senhor, da mesma forma que Paulo orou para os Filipenses permanecerem leais
  A Ti, que eu possa também permanecer fiel em minha fé.

Senhor, Paulo implorou a Evódia e Síntique para resolverem suas

Discordâncias e se concentrarem em Te servir.
Então Paulo pediu à igreja para que trabalhassem com essas
mulheres e com
Clemente para espalhar o Evangelho.

Senhor, eu me regozijo com felicidade em toda Tua bondade,
Então sempre me mantenha cheio com a Tua alegria.
Deixa que minha bondade e benevolência fiquem evidentes a
todos
Porque Cristo pode vir a qualquer momento.

Senhor, eu não me preocuparei com nada,
Mas orarei a Ti a respeito de tudo,
E serei grato por todas as coisas que acontecerem.
Então, Tua paz protegerá meu coração e mente
Porque a presença de Cristo Jesus em minha vida
Ultrapassa qualquer coisa que eu jamais possa entender.

Senhor, eu sempre meditarei sobre:
Tudo o que seja verdadeiro,
Tudo o que seja honroso,
Tudo o que seja certo,
Tudo o que seja puro,
Tudo o que seja amável.
Tudo o que contribua para eu ter uma boa reputação contigo.

Senhor, continuarei fazendo em minha vida diária
As coisas que Paulo faz em sua vida,
Então Tu, o Deus da paz, estarás comigo.

Senhor, Paulo foi grato que os Filipenses não desistiram
De expressar preocupação por ele e mandar dinheiro para o seu
ministério.
Paulo não disse isso para pedir mais dinheiro,
Mas para que eles soubessem de seu reconhecimento.

Senhor, sou como Paulo, satisfeito com o que tenho. Passei pela pobreza e, em outras ocasiões, já tive mais do que suficiente. Aprendi de todas as formas e em todo o lugar, a estar satisfeito com o que eu tenho, quer alimentado ou com fome, quer em abundância ou pobreza.

Senhor, posso fazer todas as coisas por Cristo
Que me dá ajuda para fazê-las.

Senhor, Paulo agradeceu aos Filipenses por compartilhar seu ministério, lembrando-lhes que foram os únicos que mandaram dinheiro no início do seu ministério. Até em Tessalônica eles enviaram dinheiro mais de uma vez.

Senhor, Paulo lembrou-lhes de novo que não estava pedindo mais dinheiro, mas dizendo-lhes que a doação deles lhes traria recompensas mediante o que seu ministério faz por Cristo. Paulo disse-lhes que ele não tinha necessidades devido às doações que eles enviaram por Epafrodito. É um doce aroma que agradou a Deus.

Senhor, quero que atendas minhas necessidades financeiras,
Da mesma forma que cuidaste de Paulo,
De suas riquezas gloriosas em Cristo Jesus.
Que a glória esteja contigo, meu Deus,
Meu Pai celestial para todo o sempre.

Senhor, Paulo enviou saudações a todos os Filipenses, de todos os trabalhadores que estavam com ele. Depois ele enviou saudações de todos os cristãos em Roma, principalmente daqueles que foram salvos na família do imperador.

Senhor, eu quero que a graça do Senhor Jesus Cristo repouse sobre mim

Amém.

Colossenses

HISTÓRIA DE COMO FOI ESCRITA A CARTA AOS COLOSSENSES

Data: 64 d.C. Escrita de: Roma, Itália. Escrita por: Paulo

Eu estava dando um passeio no Rio Pó com Epafrodito, outro discípulo de Jesus. Meu curioso guarda romano onipresente ouvia cada palavra que eu dizia. Esse guarda romano mostrou grande interesse no Cristianismo, mas ainda não havia comprometido seu coração para crer em Cristo.

O dia estava frio e eu havia enrolado minha túnica mais próxima ao corpo para bloquear o vento cortante. Um capuz sobre minha cabeça evitava que o calor do meu corpo escapasse.

Epafrodito ouviu de amigos alguns dos problemas na igreja em Colosso. Epafrodito era mais que um mero ouvinte preguiçoso, ele estava extremamente preocupado com a igreja. Epafrodito conhecia o rico negociante Filemom e havia pregado na igreja que congregava em sua casa. Quando Epafrodito foi embora de Colosso para se juntar a mim em Roma, deixou Arquipo com a responsabilidade de pregar a Palavra cada dia do Senhor.

"Existem dois problemas na igreja em Colosso", explicou-me Epafrodito. "Primeiro um pregador de Alexandria, Egito, veio com uma forte ênfase na ascese. Ele sempre dizia aos Colossenses: 'Não toque, não coma, não manipule'."

Pelo fato do povo de Colosso ser trabalhador e disciplinado, ouviu a mensagem de autodisciplina e a levou a sério. Eu sei que o coração se compromete com o fanatismo, quando não é temperado pela cabeça.

Algumas pessoas em Colosso ficaram fanáticas na mortificação do corpo.

Havia outro problema. Alguns elementos judaicos na igreja queriam que todos observassem a Lei e observassem os dias santos judaicos com fervor legalista redobrado.

Apesar de estar ouvindo com cuidado tudo que Epafrodito estava me contando, comecei a formar em minha mente a carta que eu poderia escrever aos Colossenses. Eu sabia que Epafrodito era a pessoa ideal para levar a carta. As pessoas o ouviriam porque ele foi pastor delas, e elas receberiam a carta que eu planejava escrever.

Eu planejava escrever uma carta semelhante àquela que enviei à igreja em Éfeso. Eu queria que eles trocassem as cartas para terem total conhecimento da verdade em cada uma delas.

Epafrodito explicou-me que havia outro problema em Colosso. "Existe o erro do falso misticismo", que ele descreveu como os cristãos adotarem o pensamento filosófico. Ele também explicou: "Os cristãos falam sobre os anjos com tanta frequência que eles parecem adorar os anjos".

Epafrodito me explicou o problema: "Esses cristãos têm tanto orgulho de seus pensamentos místicos profundos que eles os usam para pregar o Evangelho e adotam a lógica como base do Evangelho".

Epafrodito jogou suas mãos para o alto em indignação: "Eles tem orgulho em aprender, eles não se agarram a Jesus Cristo como o chefe de todas as coisas e não usam as Escrituras para obter a sabedoria".

Conforme ouvia Epafrodito explicar os problemas na igreja, comecei a escrever uma carta aos Colossenses incluindo muitas coisas que eu havia dito antes aos efésios. Os Colossenses precisavam saber que eram ricos em Jesus Cristo, então planejei escrever uma carta mostrando que Cristo era tudo.

Sussurrei uma prece: "Senhor, ajuda-me a escrever uma declaração sobre Jesus Cristo que faça os Colossenses se darem conta de Tua superioridade e Tua importância".

Também decidi escrever que eles foram criados junto com Cristo e sentam-se com Cristo do lado direito de Deus, o Pai.

Mais uma vez mexi a cabeça em indignação a respeito das inclinações filosóficas dos Colossenses. Eu planejava escrever: "Deixe a Palavra de Cristo habitar em você ricamente tanto quanto sua sabedoria. Ensine e alerte a todos de acordo com as Escrituras. Deixe as pessoas entoarem as grandes músicas do Antigo Testamento, também cantando os novos hinos e músicas espirituais, quando eles se congregarem para adorar".

Eu queria que os Colossenses estivessem absolutamente comprometidos com Cristo, então escrevi: "Não importa o que façam em palavras ou ações, façam tudo para Deus de todo o coração". E, caso eles não tenham entendido, eu repeti para mim mesmo: "Não importa o que façam, façam de todo o coração para o Senhor e não para os homens".

Paulo e Epafrodito decidiram se sentar um pouco ao sol. Foi aí que Paulo explicou que Epafrodito levaria esta carta para os Colossenses. Ele também levaria o escravo fugido Onésimo e uma carta a Filemom pedindo para esse irmão rico receber de volta o escravo fugido que havia cuidado dos afazeres domésticos para Paulo. Epafrodito entregaria a carta. Em seu caminho para Colosso, Paulo também pediu a Epafrodito que parasse em Éfeso e lhes entregasse a carta.

"Essa é uma tarefa estratégica", explicou Paulo a Epafrodito: "Eu oro para que Deus agilize você em seu caminho para que possamos fortalecer a igreja em Éfeso e Colosso. Também quero reconciliar Onésimo com seu mestre, Filemom".

Sinceramente em Cristo,
Apóstolo Paulo

Orações baseadas na Carta aos Colossenses

A Oração Para os Fiéis e a Importância de Cristo

Colossenses 1:1-29

Senhor, Paulo foi conduzido por Deus para escrever aos fiéis
Colossenses, usando sua autoridade como apóstolo para
lembrá-los da grandeza de Deus em seus corações e
adverti-los de alguns problemas doutrinais novos que estavam
se disseminando entre eles.

Senhor, que sempre lides comigo na graça
Conforme Paulo orou por Tua graça aos Colossenses.
E que me dês a paz que vem
De Ti, meu Deus e Pai, e do Senhor Jesus Cristo.

Senhor, Paulo deu graças aos Colossenses fiéis
Da primeira vez que eles ouviram sobre sua salvação,
E pelas suas novas expressões de amor por todos os santos.

Senhor, uso o testemunho da minha salvação para incentivar outras
pessoas,
Da mesma forma que usaste o testemunho dos Colossenses
Para abençoar outras pessoas.

Senhor, estou ansioso pela promessa do Paraíso;
Essa promessa foi minha no momento em que passei a crer,
Da mesma forma que ela garante a mesma esperança a outras
pessoas que creem.

Senhor, o Evangelho é o poder que está transformando minha vida
E todas as outras vidas em todos os lugares.
Essa boa-nova é proclamada em todo o mundo,

Mudando vidas, da mesma forma que transformou os
Colossenses.

Senhor, Paulo lembrou aos Colossenses que Epafrodito trouxe o
Evangelho para eles fielmente. Agora, Epafrodito era representante
deles ao ajudar Paulo em Roma. De fato, Epafrodito foi aquele que
falou a Paulo sobre os pontos fortes e problemas da nova igreja em
Colosso.

Senhor, levante os intercessores para orar por mim
    Da mesma forma que Paulo sempre orou pelos Colossenses.

Senhor, oro pelo entendimento total de Tua vontade
    E o que queres que eu faça com a minha vida.
Eu oro pela sabedoria espiritual para tomar decisões
    Que Te honrarão e agradarão
Eu oro para sempre fazer coisas boas pelos outros,
    Pois esse é o Teu mandamento para mim.
Oro para Te conhecer com mais intimidade
    Para que eu possa apreciar a comunhão contigo.
Oro para ser fortalecido com poder espiritual,
    Para que eu possa resistir com Tua paciência;
Eu oro para estar cheio de alegria para que eu sempre seja grato
    Pela herança espiritual que me deste,
Eu Te louvo pelo poder libertador do sangue de Cristo
    Que me perdoou por todos os meus pecados.
Sou grato por teres me resgatado
    Do reino das trevas satânicas
    E me introduzido no reino de Cristo.

A Supremacia de Cristo

Cristo, eu Te vejo como o reflexo perfeito
    Do Pai que não pode ser visto.

Cristo, exististe antes de o Pai ter criado todas as coisas;
  E, és supremo sobre todas as coisas,
Cristo, criaste tudo no céu e na terra;
  Criaste as coisas que podemos ver,
  Criaste as coisas que não podemos ver.
Cristo, tudo foi criado por Ti e para Ti,
  Incluindo os reis, reinos, governantes e autoridades.
Cristo, existias antes de todas as coisas serem criadas,
  Agora o Teu poder une a Criação.

Cristo, és o chefe da igreja
  Que é Teu Corpo espiritual vivo
Foste o primeiro a Te levantares dos mortos;
  És o primeiro em tudo.
Cristo, toda a plenitude de Deus a Trindade que
  Vive e habita em Ti.
Cristo, por Ti, Deus o Pai reconcilia
  Todas as coisas em Si mesmo.
Cristo, pelo sangue de Tua cruz
  Deus o Pai, no Paraíso, está em paz com tudo
  No céu e na terra.
Cristo, trouxeste-me de volta como um amigo
  Quando eu estava longe, bem longe como Teu inimigo
  Por meus pensamentos malignos e atitudes pecaminosas.
Cristo, trouxeste-me à presença do Pai
  Pelo sacrifício do Teu corpo na cruz,
Cristo, agora tenho acesso à presença do Pai
  Porque estou lá firme em Ti,
  Santo, sem culpa e puro.
Cristo eu acredito completamente nesta verdade sobre Ti
  E baseio minha fé nisso.
Cristo, eu não me afastarei dessa segurança

Pois foi essa boa-nova que me salvou
Também vem sendo pregada em todo o mundo.

Paulo estava feliz por sofrer pelos fiéis em Colosso,
Porque ele se identificou com os sofrimentos de Cristo, e pelos
Sofrimentos dele outras pessoas são trazidas à fé salvadora.

Foi dada a Paulo a incumbência de espalhar o Evangelho a todos os gentios, uma mensagem que não era conhecida deles em gerações e séculos anteriores, mas, agora, lhes foi revelado que as riquezas e bênçãos de Cristo também são para eles.

Cristo, eu me regozijo enormemente na verdade,
Que Cristo habita em mim, minha esperança de glória.

Eu compartilho essa mensagem Tua com todas as pessoas
Para que todos os fiéis possam se tornar perfeitos em Ti.

Cristo, sou motivado em Te servir
Por causa obra do Pai agindo dentro de mim.

Amém.

Advertência Contra a Falsa Sabedoria e Legalismo

Colossenses 2:1-23

Senhor, Paulo intercedeu pelos fiéis em outras igrejas, apesar de não tê-las visto.

Ele orou a seguinte solicitação por eles. Essa é a mesma que eu oro por aqueles que eu conheço e pelo Corpo de Cristo.

Senhor, eu oro para que eles possam ser incentivados,
E que eles possam sentir fortes laços de amor um pelo outro.
Eu oro para que eles possam ter pleno entendimento de como
Teu mistério atuará em suas vidas para que eles possam viver com confiança por Cristo. Eu oro para que eles possam entender os

tesouros ocultos da sabedoria que estão escondidos apenas em Cristo.

Senhor, que ninguém possa me enganar com argumentos engenhosos
Pois ninguém é a sabedoria de Deus;
Eu sei que apenas Cristo é a sabedoria de Deus.

Senhor, Paulo estava feliz pelos fiéis Colossenses estarem vivendo como
Deviam e que sua fé estava firmemente enraizada em Cristo.

Senhor, que eu sempre continue a obedecer a Cristo Jesus, meu Senhor,
Da mesma forma que obedeci quando comecei a crer nele.
Que eu possa ser arraigado na fé, e nutrido por Cristo
Para que eu possa crescer forte na vida cristã,
E possa sempre ser grato pelo que Cristo fez por mim.

Senhor, Paulo advertiu aos Colossenses contra aqueles que os desencaminhassem pela lógica humana ou teorias enganadoras que vinham do pensamento depravado ou de princípios malignos do mundo.
Paulo lembrou-lhes que esse "ensinamento" não vinha de Cristo.

Senhor, Paulo lembrou aos Colossenses que Tua plenitude – a plenitude de Deus – habitava o corpo humano de Cristo, e que apenas quando o fiel estava habitado por Cristo ele poderia sentir Seu entendimento e liderança plena.

Senhor, eu me rendo à Tua vontade e procuro Tua sabedoria,
Pois apenas por Tua nobreza em minha vida
Eu posso entender o Teu plano e realizar
Tua vontade para minha vida.

Senhor, quando eu vim para a salvação em Cristo,
Fui circuncidado – separado – em meu coração; esse não foi um procedimento físico. Eu estava espiritualmente separado

de satisfazer minha natureza pecaminosa para que eu pudesse agradar a Cristo Jesus. Eu estava identificado com a morte de Cristo, quando fui batizado espiritualmente em Cristo; e fui elevado com Cristo para uma vida nova, pelo mesmo poder que O trouxe dos mortos.

Senhor, eu estava morto em meus pecados rebeldes contra Ti,
  Sendo controlado por minha natureza pecaminosa; mas perdoaste meus pecados.
  Deixaste meu registro limpo de todas as acusações contra mim,
  E os perdoaste cravando-os na cruz de Cristo.
  Agora os poderes malignos não têm autoridade sobre mim, porque Cristo publicamente
  Triunfou sobre o pecado por Sua vitória na cruz.

Senhor, porque fui completamente perdoado, ninguém pode me condenar
  Pelo que como ou bebo, ou por não celebrar os dias santos ou Sabás. Essas regras do Antigo Testamento eram apenas uma sombra das coisas por vir, elas nos apontaram para Cristo que observou essas regras.

Senhor, eu não deixarei ninguém me trair em meu relacionamento com Cristo, mesmo quando eles insistirem em autonegação ou adoração de anjos; pois eles estão inchados por sua percepção enganadora. Eles não estão unidos com Cristo, o chefe do Corpo, pois Ele nutre todos os fiéis
  Em uma união vital que cresce pelo Seu alimento.

Senhor, já que morri junto com Cristo para ser separado deste mundo pecaminoso,
  por que eu me sujeitaria a regulamentos mundanos que afirmam "não sinta, toque ou manipule"?

Essas são meras regras humanas que não significam nada, apesar de essas regras parecerem "certas" porque exigem autonegação e humildade.

Mas elas nunca me ajudam a triunfar sobre meus pensamentos e desejos malignos; a vitória vem apenas pela Pessoa de Cristo.

Amém.

Nossa União Celestial com Cristo Determina Nossa Caminhada Diária

Colossenses 3:1-25

Senhor, já que fui criado para uma vida nova em Cristo,
    Eu controlarei meu pensamento pelos princípios do céu
Onde Cristo está sentado à Sua direita
    Na cadeira da honra e poder.
Eu pensarei em coisas no céu
    E não serei controlado pelas coisas dessa terra,
Porque morri quando Cristo morreu
    E minha vida nova está escondida por Ti em Cristo.
Então, quando Cristo aparecer para todo o mundo,
    Eu aparecerei com Ele na glória.

Senhor, eu matei meu desejo pecaminoso –
    Minha lascívia sexual, imundície, desejos malignos,
    E ganância que é idolatria.
Esses são os vícios que punes
    Naqueles que são rebeldes contra Ti.
Já fui culpado dessas coisas
    Quando minha vida era controlada pelo mundo.
Mas agora que tenho Cristo habitando em minha vida,
    Eu me livrarei da raiva, comportamento rebelde,

Blasfêmia e linguagem suja.
Eu não mentirei para ninguém, pois dei as costas para
  Minha antiga natureza com seus impulsos pecaminosos.
Voltei-me para minha nova natureza
  Que sempre renovas em mim,
  À medida que aprendo mais e mais sobre Cristo.

Senhor, todos os novos fiéis em Cristo podem ser controlados por sua
  Nova natureza, sejam eles Gentios ou Judeus,
  Sejam eles circuncidados ou não, sejam eles
  Bárbaros, civilizados, escravos ou livres.
  Cristo é o único poder que pode controlar a vida,
  Porque Ele vive em todos os fiéis.

Senhor, já que me escolheste para viver uma vida santa,
  Eu me vestirei com a misericórdia, temperança,
  Humildade, gentileza e paciência.
Eu reconheço que alguns fiéis deixam esses pecados atrapalhar
  suas vidas
  Então, eu perdoarei seus pecados, da mesma forma que me
  perdoaste.

Senhor, o amor é a atitude mais importante que eu posso ter
  Porque o amor me une a todos os outros fiéis.
  Também quero que Tua paz controle o meu coração
  Porque todos os fiéis são chamados para viver em paz.

Senhor, eu quero que as ricas palavras de Cristo habitem meu coração
  Para que eu tenha Sua sabedoria
  Para ensinar e corrigir outros fiéis.

Eu quero cantar salmos, hinos e músicas espirituais
  Para Ti com o coração grato.

Que tudo que eu diga e tudo que eu faça

Seja expresso no nome do Senhor Jesus Cristo,
   Dando graças a Ti, meu Pai celestial.

Senhor, as esposas devem se submeter aos seus maridos
   Porque é isso que Tu queres delas
Os maridos devem amar suas esposas
   E nunca serem ruins para elas.
Os filhos devem sempre obedecer aos pais,
   Pois isso Te agrada.
Os pais não devem provocar a ira de seus filhos,
   Porque eles se desestimularão e desistirão,
Os empregados devem obedecer aos seus chefes terrenos em tudo,
   Não apenas quando eles estiverem por perto,
   Mas fazer isso do fundo do coração para Te agradar.

Senhor, eu farei tudo de todo meu coração,
   Porque estou trabalhando para Te agradar, não aos homens.
   Então me darás a herança como recompensa,
   E aqueles que erram serão punidos por sua rebelião,
   Pois não deixarás ninguém sair impune do pecado.

Amém!

Oração Sincera

Colossenses 4:1-18

Senhor, os chefes que comandam os empregados devem ser gentis e justos
   Da mesma forma que nosso Mestre no céu nos trata.

Senhor, continuamente me doarei em oração,
   Sempre me lembrando de ser grato.
Orarei para Teus ministros terem oportunidade
   De pregar a mensagem de Cristo

(por isso Paulo estava acorrentado).
Eu orarei para que ministros preguem o Evangelho
Da forma mais clara possível.

Senhor, viverei um bom testemunho entre os não cristãos
E usarei todas as oportunidades de compartilhar Cristo com eles.
Eu me certificarei que minhas palavras sejam gentis e úteis
Com a resposta certa para todos.

Senhor, Paulo disse aos Colossenses que Tíquico lhes contará como ele estava.
Tíquico estava servindo fielmente ao Senhor com Paulo.
Paulo disse que estava enviando Onésimo de volta para eles em Colosso.
Onésimo foi salvo recentemente e agora ele era um irmão em Cristo.

Paulo enviou saudações aos Colossenses da parte de Aristarco que é prisioneiro com Paulo.
Ele também enviou saudações de Marcos, primo de Barnabé.
Então Paulo disse aos seus leitores para receberem Marcos quando ele for até lá. Finalmente, Paulo mandou saudações de Justo.
Ele observa que eles são seus companheiros de trabalho judeus-cristãos.

Paulo mandou saudações de Epafro, que é de Colosso. Ele sempre orava pelos Colossenses, pedindo a Deus para fortalecê-los e amadurecer em sua fé cristã. Paulo lembra-lhes que Epafro é um guerreiro da oração por todos os fiéis.

Paulo incluiu saudações de Lucas o médico e, Demas; então Paulo pediu que suas saudações fossem transmitidas aos outros fiéis.

Paulo pediu aos Colossenses que transmitissem sua carta à igreja em Laodiceia, e que eles deveriam ler a carta que ele lhes escreveu.

Senhor, que eu sempre possa ser fiel para realizar Tua obra
Da mesma forma que Paulo Te serviu fielmente.
Paulo assinou esta carta com sua própria assinatura, pedindo às pessoas: "Lembrem-se de minhas correntes" e "Que a graça de Deus esteja com vocês".

Amém!

1 Tessalonicenses

História de como foi escrita a primeira carta aos Tessalonicenses

Data: 54 d.C. Escrita em: Atenas, Grécia. Escrita por: Paulo

Eu só estive em Atenas por um curto período. E fiquei frustrado que os judaizantes fizeram um tumulto em Tessalônica; principalmente me expulsando da cidade. Em seguida fui para Bereia, e os judaizantes me seguiram até lá, mas os cristãos em Bereia estavam sedentos para conhecer as Escrituras. Os cristãos em Bereia eram pessoas boas. Eles foram comigo para Atenas para garantir minha segurança.

Então, Silas e Timóteo chegaram em Atenas trazendo-me novidades dos cristãos em Tessalônica. Eu havia pregado em Tessalônica por três sábados, mas, mesmo nesse curto período de tempo, eu havia falado de todas as doutrinas básicas do Cristianismo. Mas tanto Silas quanto Timóteo estavam preocupados com os problemas doutrinários na igreja.

Eu tive um ministério tumultuado em Tessalônica, a segunda cidade na Grécia que visitei. Eu fui à sinagoga de Tessalônica para ponderar com eles a Palavra de Deus. Eu havia ficado apenas cerca de um mês em Tessalônica, pelo menos eu fiquei ali por três finais de semana de ministério das Escrituras. Muitos judeus foram convertidos ali, incluindo uma boa quantidade de gregos.

Mas os judeus que não foram salvos recusaram-se a me ouvir. Quando fui para as casas dos homens e mulheres importantes para ensinar-lhes o caminho de Deus com mais clareza, os judeus não salvos não toleraram isso. Eles achavam que eu estava pregando uma "seita deplorável" porque eu não insistia que os novos convertidos obedecessem à Lei.

Os judeus não salvos me seguiam por toda a parte, me atacando verbalmente e querendo debater comigo no mercado, no Fórum e nas ruas da cidade. Quando os judeus não salvos viram que suas táticas não os estava levando a lugar algum, eles se voltaram para uma estratégia que negava toda sua ancestralidade judaica. Eles reuniram um grupo de arruaceiros – bêbados, pivetes e rebeldes. Eles instigaram um tumulto no mercado e me acusaram de atos fora da Lei. O tumulto se espalhou pelas ruas da cidade e chegou ao Fórum.

Por eu estar hospedado na casa de Jasão, eles a cercaram e exigiram que ele me entregasse. Felizmente eu não estava lá naquela hora. O bando levou Jasão e outros cristãos para os tribunais da cidade com a acusação: "Esses homens viraram o mundo de cabeça para baixo e vieram aqui para criar tumulto".

"Qual foi o crime deles?" Perguntou um dos governantes da cidade.

"Esses homens dizem que Jesus é o Rei, não César". E os desordeiros começaram a cantar: "Esses homens ensinam nossos cidadãos a desobedecer às leis romanas".

O tumulto continuou cada vez mais barulhento, então os governantes da cidade exigiram que Jasão fizesse um acordo de segurança. O magistrado disse-lhe: "Se esse tumulto acontecer de novo, manteremos o acordo de segurança e, se fizermos isso, ficaremos com sua casa".

Foi então que os irmãos decidiram que eu e Silas sairíamos da cidade. Ninguém ficava nas ruas da cidade à noite, então eles acompanharam a Silas e a mim em um curto caminho para a cidade de Bereia.

Os judeus não salvos me perseguiram em Bereia. Foi quando eu fui para Atenas, a capital de toda a Grécia. Esse é o centro do mundo intelectual. Também é o centro da idolatria no mundo grego. Existem ídolos em todos os lugares para onde olho – todos os tipos de homens e mulheres mitológicos são adorados, assim como ídolos retratados em animais, pássaros e peixes. Se o Evangelho der certo aqui, ele conseguirá influenciar qualquer cidade do mundo.

Silas e Timóteo me falaram: "Você deve escrever para a igreja em Tessalônica, eles estão muito preocupados com algumas pessoas que morreram nesses últimos meses. Eles querem saber o que acontecerá aos seus entes queridos mortos, quando Jesus voltar".

Falei a Silas e Timóteo que lhes escreverei sobre nossa grande esperança, que o próximo grande evento no calendário de Deus será Jesus aparecendo no céu para os cristãos. Eu direi a eles que as pessoas que morreram ressuscitarão primeiro e serão suspensas (no sentido de "arrebatadas") para estar com o Senhor. Então nós que estamos vivos e caminhando, os seguiremos imediatamente para encontrar o Senhor no ar. Então viveremos com o Senhor para sempre.

"Eu posso escrever a carta em dois dias", disse a Silas e Timóteo. "Então você, Timóteo, pode levá-la para eles e incentivá-los na fé."

Sinceramente em Cristo,
Apóstolo Paulo

Orações baseadas na primeira Carta aos Tessalonicenses

Características da Igreja Modelo

1 Tessalonicenses 1:1-10

Senhor, Paulo juntamente com Silas e Timóteo escreveram à igreja em Tessalônica, Grécia, lembrando-os de que Tu, nosso Pai celestial e o Senhor Jesus Cristo, fundaram a igreja.
Paulo pregou a graça e paz aos Tessalonicenses
Eu quero essa graça em minha vida.

Senhor, sou grato porque posso orar por outras pessoas,
  Nunca me esquecendo do que a fé que ela possuem significa para mim,
  E como o amor delas me fortaleceu.
Estou ansioso para a volta do Senhor Jesus Cristo,
  Essa esperança me preserva nas dificuldades.

Senhor, Paulo lembrou a seus leitores como o Evangelho veio até eles por sua explicação e pelo poder comprovado do Espírito Santo. Paulo lembrou-lhes de que sua vida foi uma demonstração da verdade de sua pregação, e que eles receberam sua mensagem com alegria apesar da perseguição que se abateu sobre a jovem igreja.

Senhor, que eu possa ser um exemplo a todas as pessoas
  Da mesma forma que os fiéis em Tessalônica foram para aqueles na Grécia.

Que eu possa espalhar a mensagem do Evangelho para outras pessoas,

Da mesma forma que o Evangelho alcançou muita gente por causa dos Tessalonicenses.

Senhor, todos estavam contando a Paulo sobre a forte fé dos Tessalonicenses, como eles deram boas vindas ao Evangelho, e se voltaram para Cristo, afastando-se dos ídolos para Te servir, o Deus Vivo e Verdadeiro.

Senhor, estou ansioso pela volta de Teu Filho do céu
Que trouxeste de volta dos mortos.
Pois Ele está voltando para nos libertar
Da ira e tribulação terríveis
Que expressarás no mundo no futuro.

Amém!

Características do Servo Modelo

1 Tessalonicenses 2:1-20

Senhor, Paulo lembrou aos tessalonicenses sobre sua visita a eles e o quanto foi espancado em Filipos antes de chegar ali. Paulo os faz lembrarem-se de seu forte ministério apesar da oposição cruel.

Senhor, Paulo lembrou aos seus leitores que ele não usou de segundas intenções ou desejos impuros e ele não estava tentando enganá-los. Paulo pregou como um mensageiro de Deus que lhes deu a mensagem da salvação. Ele não pregava para agradar as pessoas, mas para agradar a Deus (que sabia das intenções das pessoas). Paulo diz que nunca usou de bajulação para fazê-los acreditar ou fingiu ser amigo deles apenas para ter seu apoio. Ele também não pregou para construir reputação ou ter o louvor humano. Então Paulo lembrou-lhes que poderia ter pedido dinheiro, porque ele é apóstolo de Jesus Cristo, no entanto, não fez isso.

Senhor, ajuda-me a ser gentil entre os novos fiéis
　Como Paulo foi modesto e gentil com os Tessalonicenses.
Ajuda-me a amar os novos cristãos.
　Disposto não apenas a dar-lhes o Evangelho,
　Mas também a dar-lhes minha própria alma.
Ajuda-me a cuidar dos jovens seguidores de Cristo
　Alimentá-los e protegê-los
　Como uma mãe faz com seu bebê.

Paulo amava os Tessalonicenses profundamente
　Não apenas dando-lhes o Evangelho,
　Mas também sua própria vida.

Senhor, Paulo lembrou aos Tessalonicenses que ele trabalhou com suas mãos,
　Como um escravo, dia e noite,
　Para que ele não fosse um peso para eles.
Paulo lembrou-lhes que Deus era sua testemunha,
　Que seu tratamento para com eles era justo.
Ele os tratou como um pai trataria um filho,
　Ensinando-os a serem honestos,
Incentivando-os a viverem de maneira digna de seu chamado divino,
　Convidando-os a compartilharem de Seu Reino de glória.

Senhor, Paulo era grato por eles receberem sua pregação
　Não como se fossem palavras humanas,
　Mas como se sua mensagem fosse verazmente a Palavra de Deus,
　E era mesmo; Seu poder vivo para transformar vidas.

Senhor, Paulo lembrou aos Tessalonicenses que eles são como as igrejas na Judeia, pois eles sofrem com seus compatriotas, da mesma forma que os cristãos na Terra Santa sofreram com os judeus, aqueles que mataram o Senhor Jesus e os profetas.

Aqueles que perseguem a igreja estão contra os gentios e Deus, porque eles não querem que ninguém, além dos judeus, seja salvo. Seu castigo está sendo definido nos registros de Deus e um dia o castigo cairá sobre eles.

Senhor, Paulo diz aos Tessalonicenses: "Eu quero vê-los
Apesar de estarem fisicamente separados de mim,
Eu ainda tenho vocês em meu coração.
"Eu quero muito ir vê-los
Mas satanás me impediu de ir.
"Eu vivo para ver meus jovens filhos em Cristo,
Vocês são minha alegria, esperança e recompensa.
"Vocês me trarão muita alegria na vinda de Cristo
Pois, quando eu estiver de pé perante Deus para o julgamento,
Vocês serão minha glória e recompensa".

Amém.

Características de Um Irmão Modelo

1 Tessalonicenses 3:1-13

Senhor, Paulo lembra aos Tessalonicenses que, quando foi para Atenas, enviou Timóteo para ministrar a eles, apesar de ele ter sido deixado sozinho em Atenas. Paulo queria que Timóteo os mantivesse fortes na fé e impedisse qualquer pessoa de afastá-los.

Senhor, Paulo os lembra de que tribulações fazem parte do plano de Deus para os fiéis. Ele lhes contou, quando estava com eles, que havia algum tipo de perseguição, como eles recentemente tiveram. Paulo estava tão preocupado com eles que enviou Timóteo para descobrir se os tessalonicenses estavam firmes em sua fé. Paulo estava com medo de que o sedutor os tivesse derrubado e seus esforços fossem destruídos.

Senhor, Paulo foi incentivado, porque Timóteo havia acabado
de voltar para trazer a boa notícia de que os tessalonicenses
continuavam firmes. Paulo também soube que os tessalonicenses
queriam vê-lo. Essa notícia deu a ele um tanto de confiança em
suas provações atuais, e em seu ministério de criar novas igrejas
daria certo, mesmo quando as provações as atingissem. Agora,
Paulo estava pronto para realmente se jogar no ministério devido
às noticias positivas de que os Tessalonicenses continuavam
firmes.

Senhor, não consigo Te agradecer o bastante
Por toda a alegria que tenho em Tua presença,
   Que Tua obra prospere apesar das provações.
Eu sempre orarei pelas pessoas em provação
   Para que forneças o que falta em sua fé.
Agora, que possas, ó Pai de nosso Senhor Jesus Cristo,
   Ajudar-me a permanecer firme diante das provações.
Que faças meu amor crescer
   E transbordar para as pessoas que sofrem perseguições.
Torna meu coração forte, sem culpa e santo
   Perante Ti, o Pai de todos nós.
E que eu possa viver uma vida sem culpa,
   Porque o Senhor Jesus Cristo está voltando
   Com todos aqueles santos que são dele.

Amém.

A Esperança Para Todos os Fiéis

1 Tessalonicenses 4:1-18

Senhor, eu sei que as Escrituras ensinam que devo
   Agradar-Te com minha vida diária.
E as Escrituras me ordenam que eu viva

O mais próximo possível dos padrões bíblicos
Queres que eu esteja separado do pecado,
   E, principalmente, que me mantenha longe da imoralidade sexual.
Queres que eu me case em santidade e pureza,
   Pois esse é um sinal de que eles não conhecem Deus.
E não viva em lascívia sexual como fazem os gentios.
   Eu nunca pecarei tendo relações sexuais com outros cônjuges
   Pois prometeste punir este pecado.

Senhor, não me chamaste para ter a mente imunda
   Mas queres que eu tenha pensamentos puros.
Se qualquer pessoa se rebelar contra a regra da pureza,
   Ela não está desobedecendo às leis do homem.
Está desobedecendo à Tua lei.
   E se rebelando contra o Espírito Santo que nela habita.

Senhor, Paulo não precisou dizer-lhes que amassem seus irmãos,
   Já que ensinaste isso na Escritura.
Meu amor está crescendo em direção aos outros cristãos.
   Quero amá-los mais no futuro.
Meu objetivo é viver uma vida calma.
   Trabalhar cuidadosamente em minha tarefa.
E fazer fielmente o que é exigido de mim.
   Dessa forma influenciarei aqueles que não são cristãos,
   E têm dinheiro suficiente para viver.

Senhor, Paulo não quis que os Tessalonicenses fossem ignorantes
   Acerca do que acontece com os fiéis quando morrem.
Então eles não devem afligir-se como o mundo
   Que não tem esperança além do túmulo.
Já que acreditamos que Jesus morreu por nós
   E se levantou de novo dos mortos,
Aqueles que morreram e dormem em Jesus
   Ele trará consigo em Sua volta.

A Bíblia ensina que aqueles que estiverem vivos
   Na Sua Segunda Vinda,
Não serão arrebatados antes dos salvos nos túmulos,
   Mas estes serão arrebatados primeiro.
Pois Cristo Jesus virá do céu
   Com um grito tão alto quanto um arcanjo,
   E tão forte quanto uma trombeta.
Então os mortos em Cristo serão os primeiros
   A se levantar para encontrar o Senhor no ar.
Então nós que estamos vivos e permanecemos na terra
   Seremos elevados com eles nas nuvens,
Para encontrar o Senhor Jesus no ar,
   Para viver com Ele para sempre.

Senhor, essa promessa me assegura que eu viverei contigo para sempre;
   Eu quero que todos saibam desse prospecto
   Para que enfrentem a morte com coragem e esperança.

Amém!

Características de Uma Vida Modelo

1 Tessalonicenses 5:1-28

Senhor, não espero que me dês datas,
   Porque Tu disseste que "ninguém sabe
   A hora exata de Tua volta a terra".
Tudo o que preciso saber é
   "Que o dia que o Senhor virá inesperadamente
   Como um ladrão de noite".
Quando todos estiverem dizendo: "Temos paz na terra",
   Virá o desastre repentino
Como as dores do parto na mulher grávida,

E ninguém pode se esconder disso;
    Todos, em todos os lugares, serão punidos.
Estou ciente sobre a volta de Jesus,
    Não estou ignorante acerca do julgamento por vir.
Eu não dormirei espiritualmente
    Mas vigiarei o retorno de Jesus,
À noite é a hora em que os não salvos dormem e se embriagam,
    Mas eu viverei na luz e ficarei sóbrio.
Serei protegido pela armadura da fé,
    Cultivarei meu amor
    E usarei o capacete da esperança.

Senhor, sei que nunca quiseste que os fiéis
    Experimentassem a ira e tribulações que estão por vir.
    Quiseste nos salvar por intermédio do Senhor Jesus Cristo.
Ele morreu por mim para que
    Quer eu viva, quer morra,
    Estarei protegido por Ele e viverei com Ele.
Então serei encorajado por este fato
    E incentivarei outras pessoas.

Senhor, serei atencioso com as pessoas que ministram
    Entre nós como pregadores no Senhor.
Eu os honrarei e obedecerei,
    E não criarei confusão com outros fiéis.

Senhor, advertirei aqueles que não trabalham para Ti,
    E darei coragem àqueles que estão com medo,
Terei cuidado com os fracos,
    E serei paciente com todos.

Senhor, eu oro para que ninguém retorne maldade com maldade,
    Mas que sempre façam o bem
    Para os fiéis e não fiéis.

Eu me regozijarei todas as vezes.
  E orarei constantemente.
  Eu sempre Te agradecerei por tudo.
    Porque isso é o que esperas que eu faça.
  Eu não suprimirei a obra do
    Espírito Santo em minha vida,
    Mas ouvirei a pregação da Tua Palavra.
  Não serei ingênuo, mas analisarei tudo
    Pela Palavra de Deus
    Para determinar o que é verdade.
  Ficarei distante de toda forma de maldade
    E qualquer coisa que me leve a pecar.

Senhor, que eu possa crescer na abundância de Tua paz,
  Mantém meu corpo, alma e espírito fortes e sem culpa
  Até voltares para me receber.
Eu sei que és fiel a todos que chamas
  Para realizares Teu propósito em suas vidas.

Senhor, Paulo terminou a carta pedindo aos Tessalonicenses para orarem por ele e se saudarem mutuamente com ósculo santo.
  Ele quis que essa carta fosse lida para todos os cristãos. Depois Paulo orou: "Que a graça do nosso Senhor Jesus Cristo esteja com vocês".

Amém.

2 Tessalonicenses

HISTÓRIA DE COMO FOI ESCRITA A SEGUNDA CARTA AOS TESSALONICENSES
Data: 54 d.C. Escrita em: Atenas, Grécia. Escrita por: Paulo

Fazia menos de um mês, após Timóteo ter levado minha primeira carta para Tessalônica, que soube por eles de que existiam outros problemas na igreja. Quando Timóteo voltou com novidades sobre os Tessalonicenses, contou-me que havia recebido uma falsa carta minha que havia abalado sua fé referente à Segunda Vinda.

Obviamente, a carta queria destruir a jovem igreja. Havia espiões judeus não fiéis na igreja que viram os efeitos positivos da minha primeira carta. Então, eles escreveram uma segunda carta e falsificaram minha assinatura dizendo que a perseguição dos cristãos em Tessalônica era realmente a perseguição da tribulação – o grande e terrível Dia do Senhor. A carta venenosa afirmava que os cristãos em Tessalônica haviam perdido o arrebatamento.

Enquanto Timóteo estava longe, fui à sinagoga para debater com os judeus acerca de Jesus Cristo. Houve pouca resposta dos judeus, pois eles estavam absorvidos pela cidade secular em torno deles e não tinham tempo para as Escrituras ou Deus.

Eu ia todo dia ao mercado para debater com os filósofos gregos. Alguns eram epicuristas que justificavam seu estilo de vida egoísta de comer, beber e farrear. Havia também os estoicos que acreditam na autodisciplina de cada aspecto de suas vidas. Os filósofos chamavam-me de "tagarela" e havia um boato na cidade de que eu estava proclamando "algum deus estranho".

Eu estive ocupado pregando na cidade de Atenas. A alta colina no meio da cidade, chamada a Acrópole, é coberta pelo Pártenon. Este foi um templo construído em homenagem a Atenas, a primeira deusa do povo ateniense. O Pártenon podia ser visto de todos os cantos da cidade e sempre lembrava às pessoas sobre sua devoção ao ídolo.

Enfim, eles me convidaram para o Areópago, uma pequena colina logo abaixo do Pártenon onde se reunia para debater e discutir religião. Foi ali, no Areópago, onde preguei:

"Vejo que os homens atenienses são muito religiosos, e têm imagens para cada deus identificado pelo homem. Entretanto, quando vi a imagem: "ao deus desconhecido", quis falar a respeito dele. Este é o Deus que fez o mundo e tudo o que nele há. É o Senhor do céu e da terra, e não habita em santuários feitos por mãos humanas como este Pártenon. É nesse Deus que vivemos, e nos movemos, e temos nosso ser. Deus enviou Seu Filho à terra para viver sem pecado e morreu em uma cruz pelos nossos pecados. E foi então que Deus o ressuscitou dentre os mortos..."

Quando esses filósofos me ouviram pregar a ressurreição, zombaram de mim e se recusaram a me ouvir. Eu não consegui continuar o sermão.

Pouco tempo depois disto, Timóteo voltou após entregar a primeira carta. Então sentei-me para escrever aos Tessalonicenses pela segunda vez: "Paulo, Silas e Timóteo, para a igreja dos Tessalonicenses em Deus, o Pai, e no Senhor Jesus Cristo..."

Eu disse-lhes: "Não confundam suas mentes ou se deixem levar por uma carta". Eu expliquei que o Dia do Senhor, que é a tribulação, não viria antes que, primeiro, houvesse uma grande apostatação da fé por causa de pregadores falsos e hipócritas, então, o Anticristo seria revelado, pois entraria no Templo para receber adoração daqueles que estivessem cegos. O Espírito Santo que reprime o pecado será tirado do mundo e, quando o arrebatamento ocorrer, haverá uma enxurrada de injustiças no mundo. Eu chamei o trabalho do Anticristo de "mistério da iniquidade". Ele virá, após os cristãos serem arrebatados com Cristo, fazendo milagres mentirosos a fim de enganar a todos no mundo inteiro.

Claro que muita gente no mundo terá questionamentos quando milhares de fiéis forem arrebatados. Eles se perguntariam: "O que houve com eles?" Escrevi que Deus enviaria aos não salvos uma grande desilusão devido à sua rebelião, e que eles acreditariam na mentira contada pelo Anticristo. Porque ele terá uma explicação para o arrebatamento e, devido à cegueira espiritual, todos acreditariam nele.

Timóteo me falou de outro problema na igreja. Algumas pessoas estavam absolutamente convencidas de que Jesus estava vindo a qualquer momento, então pararam de trabalhar e foram para as montanhas para orar e esperar Sua volta. Por não estarem trabalhando, os demais cristãos estavam lhes fornecendo comida. Escrevi para a igreja não os alimentar, dizendo: "Aqueles que não trabalham não devem comer".

Timóteo me perguntou: "Como os cristãos em Tessalônica saberão que você escreveu essa carta?" Ele explicou: "Se eles foram enganados pela carta anterior, não ficarão desconfiados dessa?"

Sorri e disse-lhe: "Eu a assinarei com meu próprio nome. Eles têm minha primeira carta e podem comparar as assinaturas, saberão que fui eu quem escreveu".

Sinceramente em Cristo,
Apóstolo Paulo

Orações Baseadas na Segunda Carta aos Tessalonicenses

Consolo Porque Eles Estão Sendo Perseguidos

2 Tessalonicenses 1:1-12

Senhor, Paulo, Silas e Timóteo mandaram saudações à igreja em Tessalônica que pertencia a Ti, o Pai, e ao Senhor Jesus Cristo. Eles oraram pela graça e paz de Ti e do Senhor Jesus Cristo.

Senhor, eu sempre Te agradecerei pelo crescimento de minha fé,
  E pelo crescimento do meu amor pelas outras pessoas.
Que eu tenha paciência e fé
  Quando enfrentar julgamentos e tribulações.
Minha determinação constante demonstrará que
  Teu cuidado comigo está correto
E que sou digno do reino de Deus,
  Pelo qual estou sofrendo agora.

Senhor, eu sei que punirás
  Aqueles que perseguem Teus fiéis.
E recompensarás aqueles que estão sofrendo
  Com a mesma confiança e paz interior,
Que todos nós receberemos quando Jesus aparecer
  Do céu com Seus anjos poderosos.

Senhor, eu sei que virás no fogo ardente
  Para punir aqueles que Te rejeitam,
  E se recusam a aceitar a boa-nova do Senhor Jesus.
Eles serão punidos no fogo eterno,

Separados para sempre de Tua presença,
Para nunca ver a glória do Teu Reino.

Senhor, obrigado por Jesus estar vindo para ser glorificado
E ser visto por Teus santos,
Que são aqueles que creem nele.

Senhor, eu sempre oro para ser digno do Teu chamado,
E ser o tipo de seguidor que queres que eu seja.
Porque dessa forma o nome do meu Senhor Jesus Cristo
Será glorificado
Quando outros virem o tipo de vida que eu vivo.

Amém.

O Anticristo e a Vinda de Cristo

2 Tessalonicenses 2:1-17

Senhor, Paulo explicou aos tessalonicenses sobre a vinda do nosso Senhor Jesus Cristo e como seremos reunidos com Ele. Ele não quis que eles ficassem alarmados por uma previsão ou boato falsos, ou por quaisquer cartas que afirmassem ter vindo dele. Eles ouviram dizer que a tribulação do Dia do Senhor já havia começado. Eles se confundiram, porque estavam sofrendo mais perseguição que antes, e acharam que a tribulação havia começado e Cristo tinha vindo, mas que tivessem perdido o arrebatamento.

Senhor, Paulo disse-lhes que a Tribulação não poderia ocorrer até que o homem do pecado – o Anticristo – fosse revelado, e os cristãos apenas no nome, se afastassem da fé. O Anticristo se oporá a tudo sobre Deus, e se exaltará para ser idolatrado como Deus, e sentar-se-á no Templo de Deus afirmando que é Deus.

Senhor, Paulo disse isso aos Tessalonicenses, enquanto estava lá, agora os adverte que o Anticristo não pode vir até que o Espírito Santo seja retirado do caminho, porque o Espírito detém todo ataque do mal no mundo. Mas, Aquele que detém o pecado – o Espírito Santo – será removido quando os fiéis forem arrebatados.

Senhor, Paulo disse aos Tessalonicenses que o Anticristo será plenamente revelado após o arrebatamento, mas o Senhor Jesus Cristo, com o tempo, o destruirá com o sopro de Sua boca e com a aparição gloriosa de Sua vinda.

Senhor, Paulo lembrou-lhes de que o Anticristo será o representante de satanás, cheio de poder demoníaco e truques mentirosos. Ele enganará todas as pessoas perdidas que não têm compreensão espiritual, porque já rejeitaram a verdade e escolheram não acreditar nela. Tu enviarás uma grande ilusão para que eles acreditem na mentira de satanás. Serão punidos todos aqueles que se recusaram a creditar em Tua verdade e escolheram pecar deliberadamente.

Senhor, agradecer-Te-ei para sempre
    Porque me amaste e
Me escolheste desde o início para ser salvo
    E por teres me separado para o Espírito Santo e a verdade.
Eu te agradeço pela boa-nova que veio até mim,
    E eu obtive a vida eterna através do Senhor Jesus Cristo.
Por isso, permanecerei firme e seguro na mensagem
    Que Paulo entregou às igrejas, por palavras e cartas.
Senhor, eu oro para que meu coração seja consolado
    E confirmado para fazer cada boa obra.
Por Ti, o Pai Celestial, e o Senhor Jesus Cristo,
    Que me ama e me dá a esperança da Sua volta.

Amém.

Como Viver Enquanto Espera a Volta de Cristo

2 Tessalonicenses 3:1-18

Senhor, Paulo pediu aos Tessalonicenses para orar por ele,
  Da mesma forma que ele orava por eles.
Eu oro para que a Palavra do Senhor
  Possa se espalhar rapidamente,
  E ser eficaz em ganhar muitas pessoas para Cristo.
Eu peço para ser libertado das pessoas
  Que são más e intolerantes porque não têm fé.

Senhor, sei que és fiel e me dás força
  E me protegerás do maligno.
Eu acredito que Tua Palavra,
  Continuará a ser bem-sucedida,
Que eu possa conduzir muitos corações para Teu amor
  E que eles possam esperar pacientemente pela volta de Cristo.

Senhor, Paulo deu uma ordem aos Tessalonicenses
  Para evitar o fiel preguiçoso
  E evitar agir do mesmo modo,
Paulo queria que seu exemplo fosse imitado
  Porque não era preguiçoso, mas trabalhava muito
  E pagava suas próprias refeições.
Paulo sempre trabalhou constante e diligentemente
  Para que não fosse um peso financeiro para eles.
  Ele queria ser um exemplo a ser seguido,
  Apesar de ter o direito de receber um salário.

Senhor, Paulo deu-lhes uma regra quando estava lá,
  "Não dê comida a ninguém que se recuse a trabalhar".
Paulo ouviu falar que alguns cristãos eram preguiçosos,
  Recusando-se a ter um emprego,

E tentando explorar aqueles que estavam trabalhando.
Paulo ordenou-lhes pela autoridade do Senhor Jesus Cristo
A começar a trabalhar e ganhar a própria comida.

Senhor, aprendi com Paulo e os Tessalonicenses
A nunca me cansar de fazer a coisa certa.
Se alguém se recusa a obedecer à ordem de Paulo
Eu não tenho nada a ver com isso,
Eles serão condenados por seus atos errados.
Apesar disso, não são inimigos de Cristo;
Mas sim irmãos que precisam de correção.

Senhor, eu oro para receber a paz que é Tua.
Que eu possa recebê-la a cada dia, de toda forma.
Senhor, sê comigo!

Senhor, Paulo finalmente saudou todos tessalonicenses com sua própria assinatura. Isto deu autenticidade a esta carta. Finalmente, Paulo orou para que a graça do Senhor Jesus Cristo estivesse sobre eles.

Amém.

1 Timóteo

História de como foi escrita a primeira carta a Timóteo

Data: 65 d.C. Escrita em: norte da Grécia. Escrita por: Paulo.

Eu me sentia bem por estar fora da prisão. Ainda assim, sempre massageava as feridas em meus pulsos por causa daqueles quatro anos de correntes. Essas cicatrizes são lembrança visível da minha experiência na prisão em Cesareia e Roma. Embora a liberdade física fosse boa, nada se podia comparar à liberdade que Jesus Cristo me deu da Lei Judaica.

Eu tinha boas memórias do apartamento do segundo andar que dava para a rua em Roma. Foi ali onde escrevi algumas das minhas maiores cartas – carta aos Efésios, Colossenses e Filipenses. Eu gostaria que toda a igreja pudesse ler essas cartas para descobrir e apreciar as riquezas que eles têm em Cristo Jesus.

Eu me sinto bem quanto à igreja em Éfeso. Porque é uma igreja de riquezas espirituais, eles conhecem as Escrituras e passaram por avivamento. Eles conhecem o poder de Deus. Fico feliz por Timóteo estar pregando naquela igreja agora.

Apenas alguns dias atrás recebi a notícia de que havia alguns problemas em Éfeso. Não eram problemas de pecado exterior, como em Corinto. Não havia problemas doutrinais como em Tessalônica. Nem havia tendências de se observar normas e dias santos judaicos, como na igreja em Colosso. Não... a igreja em Éfeso era um grande testemunho devido ao seu amor a Deus e amor um pelo outro.

Entretanto, existia certa tensão entre o jovem Timóteo, que era pastor da igreja, e os anciãos da igreja. Os anciãos não estavam criticando

Timóteo abertamente, apenas o fato de que Timóteo fazia as coisas de maneira diferente de como eu fazia quando era pastor deles. Eu preciso escrever-lhes para explicar algumas das diferenças entre diferentes líderes.

E então há o lado de Timóteo da história. Os anciãos em Éfeso agem diferentemente da forma que Timóteo fazia quando era pastor na igreja de Filipos e Bereia.

Escreverei uma carta a Timóteo para descrever como um pastor e os anciãos devem se relacionar.

Quando peguei uma caneta para escrever para Timóteo, pensei em lembrá-lo de que é meu filho na fé. Eu lembrarei a Timóteo que é pastor pela ordem de Deus. Eu orarei pela graça, misericórdia e paz para Timóteo de Deus, o Pai, e de Jesus Cristo.

Eu lembrarei a Timóteo de que deve ficar em Éfeso para impedir determinados falsos pregadores de espalharem falsas doutrinas. Eles devem parar de basear sua mensagem em mitos e genealogias e criar polêmica na igreja. Ao invés disso, devem se edificar um ao outro na Palavra.

Então me dei conta: *"O problema com Timóteo é que ele se acha jovem demais para essa igreja"*. Mesmo assim, devo me dar conta de que a igreja em Éfeso vem recebendo uma grande pregação: Apolo, o excelente orador de Alexandria. Eles também tinham João, o discípulo adorado que esteve diretamente com Jesus. Também *"eles me consideravam um pregador"*. Então me dei conta: *"Seria difícil para qualquer um seguir essa linhagem de pregadores, então tenho de me colocar no lugar de Timóteo e o aconselhar de acordo com a situação"*.

Uma das primeiras coisas que quero escrever a Timóteo é: "Não deixe nenhum homem desprezar sua juventude". Eu lembrarei a Timóteo que apesar de ser jovem, sua autoridade no ministério não se baseia em sua experiência; mas sim na Escritura e no próprio Deus.

Entretanto, eu conheço algumas fraquezas exteriores de Timóteo. Ele está empregando muito tempo em desenvolver a força corporal e exercícios físicos, então escreverei a ele: "Exercício físico não traz muitos benefícios". Mas ao mesmo tempo a úlcera estomacal de Timóteo o impede de fazer tudo o que deve. Então escreverei: "Tome um pouco de vinho para melhorar seu estômago". Vou sublinhar a expressão *um pouco* porque o vinho pode levar à intoxicação. Mas eu conheço Timóteo, ele tem um bom autocontrole, então não farei isto.

Em Éfeso eu ouvi que alguns anciãos estavam pressionando seus amigos para tornarem-se anciãos. Eu vejo que alguns dos novos candidatos não estão à altura das qualificações para anciãos. Então escreverei: "Se um homem quiser obter o cargo de ancião, deseja uma coisa boa..." E então acrescentarei o conjunto de parâmetros para os anciãos e diáconos na igreja de Éfeso.

Também existem questionamentos sobre o que as mulheres poderiam fazer na igreja. Claro que na sinagoga as mulheres sequer sentam-se no pátio principal com os anciãos e homens da congregação. As mulheres sentam-se no andar de cima com as crianças. Escrevi aos cristãos em Colosso: "Em Jesus Cristo não existe homem ou mulher". Agora terei de explicar o que as mulheres devem e não devem fazer. Isso é muito delicado, porque não quero excluir as mulheres do ministério, mas não quero ir para o outro extremo e deixá-las assumir autoridade na igreja.

Se as mulheres não fizessem o que têm feito,
Onde estaria a igreja?
Se os homens fizessem o que deveriam ter feito,
Onde a igreja poderia estar?

Aparentemente, alguns anciãos na igreja em Éfeso não estavam cuidando das necessidades financeiras de Timóteo. Então escreverei: "Os presbíteros que lideram bem a igreja são dignos de dupla honra, especialmente aqueles cujo trabalho é a pregação e o ensino". Ao pontuar o "eu" nessa frase, sinto vontade de rir. Porque eu sei que os anciãos não pagam ao pastor um duplo salário, eles se darão conta de que Timóteo *merece* salário dobrado.

Dinheiro parecia ser um problema na igreja de Éfeso. Não a falta de dinheiro, provavelmente eles tivessem dinheiro *demais* e não o usavam da forma correta. Então, lembrarei à igreja: "O amor ao dinheiro é a raiz de todo tipo de mal". Então continuarei a delinear vários princípios sobre como o dinheiro deve ser usado no serviço da igreja e para a glória de Deus.

Farei um mensageiro levar essa carta até Timóteo assim que terminar de escrevê-la. Assinarei meu nome para que Timóteo saiba que sou eu mesmo. Então, cópias podem ser feitas e enviadas a cada igreja para que os pastores e anciãos sirvam a Deus de maneira harmoniosa.

Sinceramente em Cristo,
Apóstolo Paulo.

Orações baseadas na primeira Carta a Timóteo

O Relacionamento de Paulo com Timóteo e Advertência Sobre Heresia

1 Timóteo 1:1-20

Senhor, Paulo escreveu a Timóteo, seu filho na fé, lembrando-o de que ele, Paulo, era apóstolo por Tua ordem e que o Senhor Jesus Cristo era seu Salvador e esperança. Paulo pede graça, misericórdia e paz para Timóteo vindas de Ti, o Pai, e de Jesus Cristo.

Senhor, Paulo lembrou a Timóteo de que deveria ficar em Éfeso para impedir que determinados falsos pregadores espalhassem falsas doutrinas, e para impedir a disseminação de mitos e genealogias que criam polêmica na igreja. Ao invés disso, Timóteo deveria edificar Tua obra.

Senhor, eu sei que o amor vem de um coração sincero,
    Uma consciência pura, e fé convicta,
Algumas pessoas se afastaram dessas qualidades
    E gastam tempo discutindo sobre nada;
    Então elas não sabem o que dizem.
Eu sei que a Lei é boa
    Quando a aplicamos adequadamente em nossas vidas.
Eu também sei que a Lei não foi dada para ser
    Obedecida pelas boas pessoas,
    Mas a Lei objetiva as pessoas rebeldes
    Para ensinar a verdade,

E apontar a salvação.
   A Lei objetiva os assassinos e
Adúlteros e pervertidos e mercadores de escravos,
   E mentirosos e perjuros.
A Lei foi escrita para aqueles que
   Negam o Evangelho e a sã doutrina
   E a verdade que foi confiada a Paulo.

Senhor, eu Te agradeço por me dares forças para Te servir
   E me considerares fiel
   Por me chamares para Teu serviço.
Antes de ser salvo, eu era um mentiroso e amaldiçoador,
   E eu era contra a fé;
   E fiz tudo isso por ignorância.
Mostraste misericórdia para comigo,
   Para que eu me tornasse fiel.
Tua graça encheu-me de fé
   E do amor que vem de Jesus Cristo.

Senhor, esse foi um dito fiel,
   Que ninguém pode negar,
Jesus Cristo veio ao mundo para salvar os pecadores
   E eu mesmo fui o maior de todos.
Tua misericórdia me foi mostrada,
   Porque Jesus Cristo quis fazer de mim
   Um grande exemplo de Sua paciência inesgotável.
Como resultado, outras pessoas têm confiado em Jesus
   E ganham a vida eterna.

Senhor, eu Te dou glória e honra, o único Deus;
   És imortal e invisível para todo o sempre. Amém.

Senhor, mais uma vez Paulo lembrou a Timóteo, seu filho,
   De fazer essas coisas que ele está dizendo

Essas são as verdades ditas pelos profetas,
    Então ele deve lutar por elas como um bom soldado,
Suas armas são a fé, uma consciência pura;
    Porque alguns negaram sua consciência
    Eles destruíram sua fé.
Como Himeneu e Alexandre, que são inimigos,
    Assim, Paulo os entregou a satanás para puni-los
    Para que eles não envergonhem o nome de Cristo.
        Amém.

Instruções Sobre Oração e o Papel das Mulheres na Igreja

1 Timóteo 2:1-15

Senhor, Paulo orientou Timóteo a orar
    De todas as formas por todos os tipos de pessoas.
Eu orarei por todas as pessoas,
    Intercedendo por Tua misericórdia em suas vidas,
Eu agradecerei por Tua obra
    Em todas as áreas da vida das pessoas.
Eu orarei pelos líderes políticos e supervisores de governo.
    Para que eu possa viver em paz
    E seguir a santidade e honestidade em minha vida.
Dessa forma, realizo minha obrigação de oração
    E Te agradarei, meu Deus e Salvador.

Senhor, eu sei que queres a salvação de todos,
    E que conheçam todo o objetivo da verdade bíblica.
És o único Deus, e Cristo Jesus – o Homem – é o único Mediador
    Entre Ti e todas as pessoas
Porque Jesus Se sacrificou como resgate
    Por todas as pessoas do mundo;
    Essa é a mensagem da verdade que todos devem ouvir e acreditar.

Senhor, nomeaste Paulo pregador e apóstolo,
   Ninguém pode negar isso,
   Paulo foi nomeado para ensinar a fé e a verdade a todas as pessoas.
Senhor, por causa da forma como mudaste a Paulo e a mim,
   Eu levantarei minhas mãos livremente em oração a Ti.
   Livre da raiva ou ciúme.

Senhor, Paulo queria que as mulheres se vestissem com modéstia,
   Sem serem indecentes ou
   Chamando atenção indevida para si,
Paulo queria que as mulheres cristãs fossem observadas
   Por sua personalidade interior
   Não por sua roupa exterior ou tipo de cabelo,
   Ou joias vistosas ou roupas indiscretas.
Paulo queria que as mulheres fizessem boas obras e
   Ouvissem as boas mulheres cristãs para que pudessem ser tementes,
Paulo não queria que as mulheres ensinassem aos homens
   Para que elas tivessem autoridade sobre os homens,
   Paulo queria que elas ouvissem tranquilamente na igreja.
Paulo usou o exemplo de Adão ser criado antes de Eva
   Então, criaste os homens para serem líderes.
Mas Eva ficou cega e enganada por satanás,
   Então, Adão pecou com os olhos bem abertos;
   Assim, tornou-se culpado e jogou a humanidade no pecado.
E as mulheres foram punidas com dor e sofrimento
   Ao dar à luz os filhos.
Mas elas serão salvas confiando em Jesus, o Salvador
   E vivendo, então, vidas tranquilas perante Ti.

Amém.

Qualificações Para Pastores e Diáconos

1 Timóteo 3:1-16

Senhor, Paulo disse que qualquer homem pode ser pastor/líder,
   Pode fazer uma obra nobre por Ti.
Mas deve ser um homem bom; sem culpa,
   Marido de uma esposa,
Ele deve ser autodisciplinado, trabalhar muito, ser obediente;
   Ele também deve ser cortês, bom pregador,
   E abrir sua casa a visitantes e convidados.
Um pastor não pode beber álcool, ser colérico,
   Mas ser cortês e gentil com as pessoas.
Ele não deve ter ganância por dinheiro, mas deve
   Administrar bem sua família.
Porque se um homem não consegue fazer sua família se comportar,
   Ele não pode ser responsável pelo comportamento da igreja.
O pastor não pode ser recém-convertido,
   Porque ele pode se ficar orgulhoso e arrogante.
Então Deus o condenaria,
   Como Deus condenou satanás por seu orgulho.

Senhor, Paulo disse que os diáconos deveriam viver pelo mesmo parâmetro
   Do pastor da igreja.
   Eles deveriam ser respeitados pela igreja
E cumprir o que prometem.
   Os diáconos não devem beber álcool,
   Ou ser gananciosos por dinheiro.
Eles devem ser cristãos conscientes
   Acreditando e caminhando na fé.
A igreja deve examiná-los antes
   De colocá-los no cargo de diácono.

O diácono deve ser marido de uma esposa,
   Com famílias felizes e obedientes.
   Aqueles que fazem um bom trabalho como diáconos,
Devem ser respeitados por todos na igreja.
   Deus irá recompensá-los com Suas bênçãos,
Por sua caminhada fiel em Cristo Jesus.
   Da mesma forma, as esposas dos pastores e diáconos
   Devem ser responsáveis, não fofoqueiras
   Mas fiéis em todas as áreas da vida.

Senhor, Paulo disse a Timóteo que queria estar com ele em breve,
   Mas caso se atrasasse,
Queria que Timóteo soubesse como as pessoas deveriam se
   comportar
   Na família de Deus – a igreja do Deus vivo –
   Porque ela ensina e protege a verdade de Deus.
Paulo deu a Timóteo a declaração doutrinal
   Para todos na igreja aprenderem e acreditarem.

Jesus apareceu em um corpo humano,
   Ele foi ungido pelo Espírito Santo,
   Enviado por anjos.
   Pregado entre os gentios,
   Acreditado por muitas pessoas no mundo,
   E levado até a glória.

Amém.

Como Deve Viver um Bom Pastor

1 Timóteo 4:1-16

Senhor, Teu Espírito Santo nos disse que nos últimos dias
   Algumas pessoas irão se afastar de Cristo,

Elas seguirão espíritos sedutores
   E acreditarão na falsa doutrina que vem dos demônios.
Esses falsos pregadores mentirão sobre a verdade,
   Eles são hipócritas cujas consciências são queimadas
   Como se fossem marcadas com ferro quente.
Eles proibirão o casamento
   E exigirão que as pessoas se abstenham da comida.
Senhor, criaste todas as boas comidas para se comer,
   E não devo rejeitar comida
   Mas devemos apreciar todas elas com gratidão.
Desde que eu as abençoe e agradeça.
   Tua Escritura e oração tornam a comida sagrada.
Paulo disse a Timóteo para explicar isso à igreja,
   Como um bom pastor que conhece a Palavra de Deus.
Ele lhe disse para não perder tempo
   Discutindo com pessoas enganadas por
   Fábulas profanas e histórias de velhas esposas.
Paulo disse a Timóteo para desenvolver sua espiritualidade;
   Eu também seguirei esse conselho.

Senhor, Paulo disse a Timóteo que o exercício físico é bom,
   Mas para não ir a extremos em relação a isso.
O exercício espiritual é ilimitado,
   Ele nos recompensa com a vida boa aqui na terra
   E nos recompensará no Paraíso.

Senhor, eu me doarei completamente ao ministério
   E assumirei qualquer sofrimento que vier,
   Para que as pessoas creiam em Cristo.

Porque acredito que Cristo morreu por mim e vive para sempre,
   Minha esperança está nele, junto com todos que colocaram sua
      confiança em Ti.

Ajuda-me a ensinar essas coisas a todas as pessoas,
  E não deixes ninguém me ignorar devido à minha idade.
Ajuda-me a ser um exemplo para todos os fiéis,
  Em minhas palavras, comportamento, amor, fé e pureza.
Ajuda-me a disciplinar meu tempo lendo
  A Palavra de Deus para as pessoas,
  Pregando-a e ensinando-a para elas.
Usarei os dons espirituais que me deste,
  Que vieram até mim pelas Escrituras
  E foram reconhecidas pela igreja.
Eu colocarei toda minha energia em meu trabalho,
  Eu quero que todos vejam o que Tu estás fazendo por meio de mim.
Por isso, terei cuidado com o que faço e prego
  Para que as pessoas que me ouvirem sejam salvas,
  E realizarei Teu chamado para minha vida.

Amém!

A Boa Obra de um Pastor

1 Timóteo 5:1-25

Senhor, disseste-me para nunca falar com os idosos com grosseria,
  Mas sim falar com eles com respeito como se fossem meus pais.
Disseste-me para falar aos jovens com amor
  Como eu falaria com aqueles em minha família.
Disseste-me para tratar as idosas
  Como eu trataria minha própria mãe.

Senhor, orientaste a igreja para que cuidasse das viúvas
  Se elas não tivessem mais ninguém para cuidar delas.
Seus filhos e netos são aqueles
  Que devem assumir a responsabilidade por elas

Para recompensar a dívida que eles têm com os mais velhos
Pois um coração grato Te agrada muito.
Mas a igreja deve particularmente se importar com as viúvas
Se elas não tiverem ninguém neste mundo para cuidar delas.
Que elas passem dias e noites em oração
E não perambulando por todos os lugares em busca de prazer e distração.

Senhor, Paulo deu a Timóteo os princípios da igreja
Para cuidar das pessoas e fazer o que é certo.
Aqueles que não cuidam de seus parentes necessitados,
Especialmente os membros de sua família direta,
Não têm o direito de se considerar cristãos;
Eles são piores que aqueles que não creem.
As viúvas devem ser envolvidas como um trabalhador especial da igreja
Se ela tiver 60 anos,
E esposa de um marido.
Ela deve ter sido hospitaleira com outras pessoas
E ajudado aqueles em dificuldades.

A igreja não deve aceitar viúvas jovens,
Porque elas vão querer se casar de novo.
E as pessoas as condenarão por não ter mantido sua promessa
De ser uma trabalhadora compromissada com a igreja.
Além disso, as viúvas jovens podem ficar preguiçosas,
E fofocar de casa em casa
E se envolver nos assuntos dos outros.
Paulo achava que as viúvas jovens deveriam se casar de novo,
Ter filhos e cuidar do lar,
Então ninguém pode acusá-las de nada.
Algumas viúvas jovens já se afastaram de Cristo,

Se desencaminhando para seguir satanás.
Os parentes da viúva devem cuidar dela,
   E não esperar que a igreja faça isso.
Então a igreja pode usar seu dinheiro
   Para cuidar das viúvas necessitadas
   Que se enquadram nas qualificações de viúvas verdadeiras.

Senhor, Paulo ensinou a igreja a considerar os pastores
   Com dupla honra,
   Principalmente aqueles que pregam e ensinam bem.
A Escritura diz: "Nunca coloque mordaça nos bois
   Para impedi-los de comer
Quando eles trabalham para produzir a colheita,
   Deixe-os comer quando eles trabalham nos campos".
Em outro lugar a Escritura ensina:
   "Aqueles que trabalham merecem seu pagamento".

Senhor, Paulo ensinou a igreja a não dar ouvidos às reclamações
   Contra os líderes da igreja,
   A não ser que existam duas ou três testemunhas.
Se os líderes da igreja estiverem errados,
   Repreenda-os na frente da igreja
   Como advertência a todos os fiéis.
Paulo disse perante Deus, o Senhor Jesus Cristo, e os santos anjos
   Para repreender os pastores pecadores de maneira imparcial,
   Sejam eles amigos ou não.
Trate todas as pessoas igualmente, sem favoritismo,
   Pois todos nós somos iguais em Cristo.

Senhor, Paulo ensinou a nunca escolher um pastor muito rápido,
   Porque alguns defeitos podem passar despercebidos.
Por isso, aprenderei com o exemplo dos meus líderes
   A me manter puro de todo o pecado.

Senhor, Paulo disse a Timóteo que parasse de beber apenas água,
Mas que tomasse um pouco de suco de uva para digestão
Porque ficava frequentemente doente.

Senhor, os pecados de algumas pessoas são óbvios para todos,
Muito tempo antes de uma reclamação formal ser feita contra eles.
Outras pessoas têm pecados que não são descobertos com
facilidade
Até eles na verdade virem à tona.
De qualquer forma, os pecados de alguns
Não serão descobertos até o Dia do Julgamento.
A mesma verdade se aplica aos bons feitos de algumas pessoas,
Eles não serão escondidos para sempre.

Amém.

Advertências ao Pastor

1 Timóteo 6:1-21

Senhor, os empregados devem trabalhar muito por seus chefes,
E respeitá-los de todas as formas.
Que Teu nome e as expectativas cristãs
Não sejam alvo de zombaria no mundo
Pelo fato de os cristãos serem trabalhadores preguiçosos.
O funcionário não deve tirar proveito do seu chefe
Por ser cristão
Ao contrário, os funcionários cristãos devem fazer o melhor
Já que eles estão ajudando seu chefe
A tornar o empreendimento eficaz e bem-sucedido.
Paulo disse a Timóteo para ensinar esses princípios
E, as pessoas que têm uma interpretação diferente
São egoístas e ignorantes
Porque essas verdades são bíblicas e eficazes.

Com base nas palavras do Senhor Jesus Cristo.
As pessoas que questionam essas verdades instigam discussões,
   Que levam à raiva, ciúme e abuso;
   Eles fazem isso para lucrar com a religião.

Senhor, Paulo nos contou que somos verdadeiramente ricos
   Quando estamos felizes e satisfeitos com o que nos dás.
Não trouxemos nada para este mundo
   E não levaremos nada quando morrermos.
Então, desde que tenhamos comida e roupas,
   Devemos ficar felizes.
As pessoas obcecadas pela riqueza,
   Estão abertas a todos os tipos de tentações
   Incluindo planos para ficar rico com rapidez.
Sua lascívia financeira prejudicará sua caminhada com Cristo
   E, com o tempo, destruirá sua vida,
Porque o amor ao dinheiro deixa as pessoas abertas
   A todos os tipos de pecado.
As pessoas que passam a vida em busca de riqueza,
   Afastaram-se de Teus parâmetros para a vida
   E abriram suas almas para feridas fatais.
Senhor, por eu ser dedicado a Ti,
   Evitarei os males associados ao dinheiro.
Eu quero viver uma vida santa
   E procurarei me encher de fé, amor e gentileza.
Lutarei para Te colocar em primeiro ligar na minha vida,
   Eu me agarrarei firmemente à vida eterna que Tu dás.
Esse é meu chamado e meu compromisso,
   E confessei isso à igreja.
Agora diante de Ti – a fonte da vida – e perante Jesus Cristo,
   Prometi fazer tudo que o digo,
Para que ninguém descubra qualquer defeito em mim
   Tanto agora quanto no futuro até Cristo voltar.

Paulo disse a Timóteo para advertir aqueles que são ricos neste mundo
   Para que não menospreze as outras pessoas,
   Ou confiem em seu dinheiro,
Mas que confiem em Deus, que com Suas riquezas
   Nos dá tudo que precisamos para sermos felizes.
Timóteo foi orientado a dizer aos ricos
   Para usarem seu dinheiro para fazer o bem.
Eles devem ser ricos em boas obras,
   Generosos e dispostos a compartilhar com as pessoas que precisam.
Dessa forma, os ricos podem acumular a verdadeira riqueza
   Para si no Paraíso;
   Esse é o único investimento seguro na vida.
Paulo disse a Timóteo para proteger com cuidado a ordem
   Que Deus lhe confiou.
Conter as discussões sem sentido
   Daqueles que querem mostrar conhecimento
   Porque eles não são de fato tão inteligentes.
Essas pessoas perderam o mais importante na vida,
   Elas realmente não Te conhecem;
   Que elas possam experimentar a Tua graça.
Senhor, eu creio no ensinamento da Escritura que afirma;
   Que Cristo virá em breve para arrebatar Seus fiéis,
Cristo é glorificado por Ti, e é o único governante de todas as
   coisas.
   Ele é o Rei dos Reis, e o Senhor dos Senhores.
Apenas Cristo é imortal, Ele é eterno;
   Ele agora vive na luz tão pura e ofuscante
   Que ninguém pode se aproximar dele,
   Nenhuma pessoa física O vê.
Agora, em Cristo esteja a honra, o poder e o domínio eterno,
   Para todo o sempre. Amém!
                Amém.

2 Timóteo

História de como foi escrita a segunda carta a Timóteo

Data: 66 d.C. Escrita em: Roma, Itália. Escrita por: Paulo

Eu conhecia claramente ambos os sons. O som pesado *tinindo* – como o gotejar de barras de metal pesadas – é o som do portão com barras de ferro no final do corredor. As imensas barras de ferro são tão grandes que nem os homens mais fortes conseguiam curvá-las. Se um homem furioso, nesta jaula, colocasse seu peso contra a porta de ferro, nem assim ela se moveria.

Há um segundo som. A *pancada* pesada da porta em minha cela. Semelhante ao som de um banco de madeira caindo no chão de pedra. Quando bate, a porta pesada dá a impressão de um trovão distante. O quarto é então lançado na escuridão. E esse buraco no chão chamado cela é frio – gelado tal qual uma noite de inverno.

Meu coração pula com cada barulho na porta exterior. Eu não consigo ver, mas quero saber quem está lá. Ouço uma voz, a cela solitária parece mais isolada quando todos os meus amigos vão embora.

Meu coração continua procurando uma forma de escapar dessa prisão fria e úmida. A cada *barulho*, espero uma mensagem de perdão de César ou um dos meus amigos fiéis trazendo-me um agasalho... ou livros para ler... ou boas notícias de uma das igrejas.

Mas ninguém vem para me visitar. Cada *pancada* é como outro prego no caixão... nada!

Hoje cedo, acordei com uma frase em minha mente que havia escrito aos Filipenses: "Porque para mim o viver é Cristo e o morrer é lucro".

Ainda assim, é difícil viver nesse buraco úmido no chão, o que ameniza é o fato de Cristo habitar meu coração. Às vezes, a brisa desce até a escadaria pelas barras de ferro. Eu me pergunto se sentirei essa sensação de frescor hoje.

A pior parte de estar isolado é que não há nada para fazer, nada para ler, simplesmente nada... além dos meus pensamentos e eles são pensamentos bons. É só pensar em tudo que Deus me permitiu fazer.

Hoje cedo eu orei por todos os meus auxiliares. Fui incentivado por sua liberdade e o que eles poderiam fazer para Cristo. Toda vez que eu orava por Barnabé... ou Tito... ou Sóstenes... eu indiretamente passava a ter força com base no que eles podiam fazer para Deus.

Hoje eu orei de novo por Demas, um jovem com grande potencial ... Achei que devia contar a Timóteo sobre Demas. Escreverei: *"Demas me abandonou em troca das presentes atrações mundanas"*. O pensamento de esses prazeres fazerem Demas feliz me jogou um balde de água fria. Como poderia orar por Demas que outrora orou com tanto zelo? Como eu poderia orar pela prosperidade de Demas, quando me lembro do grande sermão que pregou baseado nas Escrituras? *"Sim"*, pensei: *"Demas me abandonou porque ama os prazeres desse mundo"*. Pressionei os olhos para conter a dor.

Pensei em escrever para Timóteo: "Venha até mim rápido". Eu quero que Timóteo esteja aqui se eu morrer. Eu posso confiar em Timóteo para contar a todas as pessoas os meus últimos pensamentos e palavras.

Então pensei: *"Vou pedir a Timóteo para trazer os livros para eu ler..."*. E se eu tremer nesse frio, acrescentarei: *"Traga minha capa"*.

O sol da tarde só alcançou a minha cela depois do almoço – se é que se pode chamar essas rações de fome de almoço. Eu não me sentava sob os raios quentes do sol há duas semanas. Eu sabia que o entardecer havia chegado por causa dos filtros de sol nas barras de ferro por cerca de uma hora. Entretanto, o tempo estava nublado nas últimas duas semanas. "Senhor, preciso se sol hoje." Assim que orei, a prisão ficou um pouco mais clara – clara o bastante para que eu visse com meus olhos infeccionados – luz o bastante para eu escrever algumas grandes letras.

Eu disse a mim mesmo: *"corra para aproveitar a luz do sol ao máximo"*. Sentei-me diante de uma frágil mesa, coloquei a pena em uma pequena vasilha de tinta e comecei a rabiscar as páginas: "Paulo, apóstolo de Jesus Cristo por vontade de Deus...". Nunca passou pela minha cabeça que a prisão fosse um erro, eu sabia que Deus havia ordenado as correntes para mim e eu morreria em pouco tempo. Pensei: *"Eu devo incluir a frase – 'agora estou pronto para ser oferecido em sacrifício a Deus e estou pronto para me tornar um mártir, minha partida desta vida está próxima'"*.

Eu não queria que essa carta fosse assustadora demais, pois não queria desanimar Timóteo.

Sinto um cheiro infiltrando em minha cela, e então me dou conta de que o guarda também estava com frio. Ele estava mexendo as cinzas negras em uma pequena fogueira no final do corredor. Conforme soprava as cinzas negras, as brasas ficavam vermelhas com o fogo, e alguns segundos depois, uma chama pula do meio do carvão. *"Eu escreverei que..."*

Escreverei para Timóteo *"instigar o dom de Deus como se instiga o fogo"*. Paulo se lembra de um Timóteo dócil e calmo, que, muitas vezes, precisa ter seu fervor estimulado. Timóteo precisa alimentar o fogo de novo.

Timóteo tem um cargo de muito prestígio. Ele agora é pregador da igreja em Éfeso, a maior cidade da Turquia, a capital romana da Ásia Menor. A igreja em Éfeso inclui gente rica, assim como pessoas extremamente pobres. Em minha mente, a igreja em Éfeso é uma das igrejas mais importantes para a continuação do Evangelho, e Timóteo tem a enorme responsabilidade de liderar essa igreja.

Então escreverei a Timóteo: "Seja forte na graça que está em Cristo Jesus", advertindo-o para não se curvar às pressões de políticos, homens ricos, e daqueles com grande herança familiar. "Ao contrário", escreverei: "Resista à dificuldade como um bom soldado de Jesus Cristo". Eu quero lembrar a Timóteo de que um soldado obedece apenas a seu comandante, mais ninguém. E nesse caso, quero que Timóteo obedeça apenas ao Senhor Jesus Cristo, não aos anciãos, nem outros pregadores itinerantes, mais ninguém além de Jesus.

Então pensei de novo nas lascívias juvenis que seduziram Demas, e escrevi a Timóteo: "Fuja das paixões juvenis e siga a justiça de Deus". Essa é minha oração mais profunda para meu jovem pregador em Éfeso.

Dia após dia acrescento mais coisas à carta a ser enviada a Timóteo. Eu escrevo devagar por causa dos olhos cansados. Escrevo até ficar escuro demais para ver o papel. Ninguém me oferece sequer uma pequena vela. Quando o sol se põe lá fora, a toca da prisão no fundo se torna noite.

Toda noite eu espalho o que restou da palha sobre a cobertura de pedra onde durmo. Mesmo enquanto durmo, a pedra dura e fria castiga minha carne. Após orar, viro-me de lado para dormir. Sonho que estou sendo conduzido para fora do portão principal, chamado o Portão dos Povos, para a cidade de Roma. É lá onde provavelmente morrerei.

Quando os soldados me levaram até à cidade, vi cruzes em ambos os lados da estrada, espalhadas até o horizonte. Em cada cruz estava um mártir cuja vida foi "escondida em Cristo" porque eles haviam dado tudo por Ele. Eu me perguntei se seria crucificado, e se fosse: "*Estou crucificado com Cristo. Assim, já não sou eu quem vive, mas Cristo vive em mim*".

Depois meu sonho se volta para a extremidade afiada de uma espada. Recordo-me de Tiago, o pescador de Cafarnaum, irmão do apóstolo João. Sua cabeça foi cortada por Herodes. Eu me pergunto se há uma espada em meu futuro. Escrevi anteriormente aos gálatas: "*Eu morro todos os dias*". Um dia morrerei e essa será a última vez e então receberei a vida eterna.

Ouvi histórias de cristãos sendo pendurados em uma alta estaca no jardim de Nero. Ouvi histórias de óleo sendo despejado neles e seus corpos queimados para iluminar as festas do insano César, Nero. "Será esse meu fim?", me perguntei. Então sorri: "*Qual a melhor forma de encerrar minha vida após ser inflamado por Deus por toda parte do mundo?*".

Eu tenho mais um pensamento: "Não *faz nenhuma diferença como morrerei, porque escrevi: 'estar ausente do corpo é estar presente com o Senhor'. Então, é muito melhor morrer e estar com o Senhor que permanecer nesta vida*".

Antes de ir dormir, eu oro: "*Senhor, que eu possa Te glorificar em minha morte como fiz em minha vida*".

E bem pouco antes do sono cair sobre mim, penso: "*Talvez Jesus Cristo venha com o amanhecer, o que seria bom*". Então, minha última oração antes de dormir: "*Ora vem, Senhor Jesus!*".

Sinceramente em Cristo,
Apóstolo Paulo

Notas Finais:

1. Paulo aprisionado pela segunda vez em Roma.

Orações Baseadas na Segunda Carta a Timóteo

A Incumbência de Paulo a Timóteo

2 Timóteo 1:1-18

Senhor, Paulo disse a Timóteo que foi nomeado por Jesus Cristo para ser apóstolo
E contar a todas as pessoas que a vida eterna é prometida àqueles que creem.
Timóteo era filho de Paulo na fé;
Paulo orava para Timóteo ter graça, misericórdia e paz
De Ti, o Pai, e de Cristo Jesus, nosso Senhor.

Senhor, Paulo se lembrava de Timóteo em oração dia e noite
E queria muito vê-lo,
Porque Timóteo chorou, quando se afastaram.
Paulo se lembrava da fé não fingida de Timóteo
Que primeiro habitou em sua avó, Lóide,
E depois em sua mãe, Eunice.
Paulo disse a Timóteo que despertasse o dom dado por Ti
Que ficou evidente em sua ordenação
Quando impôs as mãos sobre ele.

Senhor, não me deste espírito de covardia
Mas espírito de poder, amor e autocontrole.
Então, eu nunca terei vergonha de testemunhar por Cristo,
Ou vergonha de outros cristãos.
Aceitarei a minha parte de dificuldades conforme compartilho o Evangelho,
Confiando em Teu poder para realizar Tua vontade.

Senhor, salvaste-me e me chamaste para a santidade,
 Não por algo que eu tenha feito
 Mas por Teu propósito e por Tua graça.
Tua bondade e amor foram lançados sobre mim
 Antes do começo do mundo,
E foi revelado quando nosso Salvador, Cristo Jesus,
 Aboliu o pecado e proclamou a vida por Sua morte;
 Senhor, eu acreditei e recebi.

Senhor, Paulo mais uma vez lembrou a Timóteo que ele era pregador
 E pelo fato de ser um apóstolo para os gentios,
 Ele também está passando por dificuldades.
Senhor, não tenho vergonha do Evangelho
 Porque eu sei que coloquei minha confiança em Cristo,
E não tenho dúvida de que Tu, Pai, és capaz de cuidar
 De todos que tenho confiado a Ti até aquele Dia
 Em que Jesus Cristo voltará à terra por mim.

Senhor, continuarei a crer e viver
 Pelo ensinamento saudável que aprendi com a Escritura.
Guardarei Teu chamado especial para minha vida
 Pela ajuda do Espírito Santo que habita em mim.

Senhor, Paulo lembrou a Timóteo que Fígelo e Hermógenes
 Recusaram-se a estar com ele.
Paulo invocou bênçãos para a casa de Onesíforo
 Porque ele não sentia vergonha das correntes de Paulo.
Onesíforo foi ver Paulo em prisão
 E o ajudou quando estava em Éfeso.
 Onesíforo passou por muita tribulação para achar Paulo
 Quando ele estava em Roma.
 Paulo impetrou uma bênção sobre ele
 Sabendo que seria recompensado no Tribunal de Cristo.
 Amém.

Como Ministrar em Dia de Apostasia

2 Timóteo 2:1-26

Senhor, serei forte na graça
   Que vem de Jesus Cristo.
Toda verdade que ouvi de meus pregadores,
   Comunicarei a pessoas dignas de confiança
   Que, por sua vez, poderão ensinar outras pessoas.
Eu aceitarei minha parcela de dificuldades
   Como um bom soldado de Cristo Jesus.
Nenhum soldado a situações da vida
   Porque ele deve sempre obedecer a seu comandante;
   Por isso, eu me separarei do que é pecaminoso.
Um atleta não consegue ganhar a corrida
   Sem obedecer a todas as regras
   Por isso, eu me disciplinarei para obedecer a Cristo.
Um fazendeiro tem primazia sobre a colheita
   De qualquer cultivo que cresce em seu campo;
   Então, trabalharei muito para ser recompensado por Ti.
Senhor, eu me lembrarei do Evangelho de Jesus Cristo;
   Ele foi descendente de Davi,
   Morreu por mim e foi ressuscitado dos mortos.
Esse é o Evangelho pelo qual Paulo estava sendo perseguido
   Ele foi acorrentado como um criminoso,
   Mas Teu Evangelho não foi acorrentado.
Paulo sofreu todas as perseguições por causa
   Das pessoas que acreditavam no Evangelho,
   Para que elas pudessem ser salvas por Jesus Cristo e conseguir
   A glória eterna que vem para aqueles que são salvos.
Senhor, Paulo transmitiu a Timóteo um dito fiel
   Que ele poderia confiar e compartilhar com outras pessoas.

Se eu morri com Cristo na cruz,
  Viverei com Ele no Paraíso.
Ficarei firme em minha profissão de fé,
  E reinarei com Ele na glória.
Se eu negar a Cristo, Ele me negará;
  Se eu ficar sem fé, Cristo permanece fiel.
Senhor, Paulo disse a Timóteo que recordasse a igreja sobre essa verdade
  E não discutisse com ninguém sobre essa afirmação de fé,
  Porque isso apenas destruirá aqueles que ouvem.
Estudarei para saber tudo a respeito do Cristianismo,
  Para que eu possa ser trabalhador aprovado.
Não me envergonharei do meu ministério,
  Mas lidarei da forma correta com a palavra da verdade.
Evitarei discussões tolas
  Que fazem as pessoas se irritarem e pecarem umas contra as outras,
  Da mesma forma que isso destruiu Himeneu e Fileto.
Eles afirmaram que a ressurreição dos mortos havia passado,
  Partindo da verdade de Deus; então
  Eles perturbaram outras pessoas com sua autodestruição.

Senhor, apesar de existirem falsos pregadores,
  Eu sei que Tua verdade é sólida como pedra.
Conheces todos que Te pertencem,
  E todos que confessam Teu nome,
  Devem evitar fazer coisas erradas.

Senhor, em uma casa grande há todos os tipos de utensílios,
  Alguns são feitos de ouro e prata, outros de madeira e barro.
Uns são usados para pessoas especiais,
  Outros são usados em situações comuns.
Eu quero ser um vaso especial usado por meu Mestre, Jesus Cristo,

E me manter pronto para Sua boa obra.
Ao invés de sucumbir às paixões da juventude,
Procurarei santidade, fé, amor e paz
    Em comunhão com todos que invocam o Senhor.
Evitarei discussões tolas com pessoas transtornadas,
    Que levam a brigas.
    Então, não brigarei com ninguém, mas serei gentil,
    Bom pregador e paciente com todos.
Serei gentil ao corrigir as pessoas que discordam de mim,
    Lembrando-me de que podes mudar a opinião delas;
Para que elas reconheçam a verdade,
    E escapem do domínio de satanás sobre eles.
    E se libertem de sua armadilha.

                    Amém.

A Previsão de Apostasia e a Resposta de Deus na Escritura

2 Timóteo 3:1-17

Senhor, eu sei que nos últimos dias, antes da vinda de Cristo,
    Haverá tempos perigosos.
As pessoas serão agressivamente autocentradas e gananciosas por dinheiro,
    Prepotentes, arrogantes e escarnecedoras de Ti.
Elas serão briguentas e ingratas aos seus pais,
    E não serão sensíveis a ninguém.
Elas serão desumanas, sem amor e sem perdão;
    E também serão sarcásticas, violentas e rebeldes.
Elas odiarão qualquer coisa boa, mas serão traiçoeiras,
    Volúveis, arrogantes e viciadas em prazer,
        Ao invés de amantes de Deus.
Elas dirão que são cristãs e irão à igreja,

Mas sua vida negará o que professam.
Eu não terei nada a ver com essas pessoas,
   Manter-me-ei distante delas.

Senhor, esse tipo de pessoas destrói lares,
   Relacionando-se com pessoas estúpidas obcecadas por sexo,
   Buscando uma fantasia após outra.
Elas sempre tentam se educar,
   Mas nunca alcançam a verdade.
Homens assim contestam a verdade da mesma forma que Janes e
   Jambres se opuseram a Moisés,
Eles têm mentes depravadas
   E se voltaram contra a fé cristã.
   E, a longo prazo, não serão muito influentes;
   Sua estupidez será sua queda,
   E todos verão sua rebelião.

Senhor, Paulo ensinou que nós que acreditamos em Deus
   Também devemos viver vidas tementes a Deus.
Da mesma forma que demonstrou fé, paciência e amor
   De forma consistente ao longo da vida,
Paulo foi perseguido em Antioquia, Icônio e Listra,
   Mas Tu, Senhor, o livraste de todas elas.
Por isso, qualquer pessoa que tente viver uma vida
   Dedicada a Cristo será atacada.
Os impostores pecaminosos do Cristianismo
   Irão de mal a pior,
   Enganando-se conforme enganam outras pessoas.

Senhor, eu serei verdadeiro com os ensinamentos da Escritura,
   Lembrando-me de quem foram meus professores e o que eles me
      ensinaram,
   Da mesma forma que Timóteo lembrava–se de que seus professores
      na infância,

    O tornaram sábio nas Escrituras
    Para que aceitasse Cristo e fosse salvo.
Toda a Bíblia foi escrita por Tua inspiração.
    E foi útil para me ensinar a verdade,
E apontar o que está errado em minha vida,
    Ajudando-me a fazer o que é certo.
A Bíblia é Tua ferramenta para me preparar
    Em todas as áreas de minha vida
    Para que eu possa fazer Tua obra.
                Amém.

Paulo, Um Servo da Fé

2 Timóteo 4:1-22

Senhor, Paulo lembrou a Timóteo que ele esteve diante de Ti
    E diante de Cristo Jesus, que julgará os vivos e os mortos
    Em Sua aparição quando Ele constituir Seu Reino.
Eu sempre pregarei Tua Palavra,
    Em todo lugar, em todas as épocas,
    Quando for adequado e quando não for.
Eu corrigirei todos os falsos ensinamentos e repreenderei
    As pessoas que acreditam e espalham essas coisas.
Incentivarei todas as pessoas que fazem a coisa certa o tempo todo,
    Com base no que Tua Palavra ensina.

Senhor, está chegando a hora em que as pessoas não ouvirão a verdade,
    Mas procurarão pregadores que reforcem seu pecado.
Não ouvirão Tua Palavra,
    Mas viverão de acordo com suas formas rebeldes desviadas.

Terei cuidado em sempre seguir Teus princípios,
  Sempre estarei pronto para sofrer por Cristo.
Sempre tentarei ganhar outras pessoas para Cristo,
  E fazer as coisas que devo fazer.
Senhor, Paulo testemunhou que era hora de morrer.
  Sua vida estava sendo derramada
  Como sacrifício a Ti.
Paulo disse: "Combati o bom combate,
  Terminei a corrida,
  Guardei a fé".
Agora Paulo espera a coroa da justiça
  Que darás às testemunhas fiéis
  Que será dada a todos que esperam a aparição de Cristo.

Senhor, Paulo pediu a Timóteo para vir até ele o mais rápido possível, Demas o abandonou, Crescente foi para a Galácia e Tito para a Dalmácia. Apenas Lucas está com Paulo. Paulo quer que Timóteo traga Marcos quando ele vier, e que traga sua capa de Trôade, e também seus livros e pergaminhos. Paulo enviou Tíquico a Éfeso.

Senhor, Paulo advertiu a Timóteo sobre Alexandre, o ferreiro, porque contestava amargamente o que Paulo ensinava. Então orou: "O Senhor lhe dará a retribuição pelo mal que fez".

Senhor, Paulo disse que não havia ninguém com ele, quando fez sua primeira defesa perante o juíz. Ele orou por aqueles que o abandonaram: "Que eles não sejam julgados pelo que fizeram". Paulo testificou: "O Senhor Jesus esteve comigo e me deu poder para que a mensagem da graça fosse proclamada, e todas as pessoas não salvas a ouvissem". Naquela ocasião o libertaste de ser jogado aos leões. Paulo afirmou: "O Senhor sempre nos libertará do perigo, até a hora de ir ao Paraíso". Paulo Te glorifica por sua libertação até aqui.

Senhor, Paulo disse a Timóteo para saudar Prisca e Áquila e a casa de Onesíforo. Erasto está em Corinto e deixou Trófimo doente em Mileto. Ele manda saudações de Êubulo, Prudente, Lino, Cláudia e os irmãos. Paulo quer que Timóteo venha antes do inverno. Então, ora: "Que o Senhor Jesus Cristo esteja contigo, e tenhas Sua graça".

Amém.

Tito

História de como foi escrita a carta a Tito

Data: 65 d.C. Escrita em: norte da Grécia Escrita por: Paulo

Já se passaram alguns meses desde que fui libertado de minha prisão em Roma. Meu tempo na prisão não foi fisicamente restritivo. Roma me permitiu alugar um apartamento no segundo andar para que eu pudesse ficar com meus amigos – Lucas, Timóteo e outros.

Mas ninguém apareceu em meu julgamento, então fui libertado. Fiquei preso quatro anos e algumas pessoas acharam que esses anos foram perdidos, mas elas estão erradas. Foi quando escrevi as epístolas da prisão para Éfeso, Filipos e Colosso. Eu consegui ganhar para Cristo muitos soldados romanos, alguns foram transferidos para o palácio de César, outros foram mandados para vários lugares do mundo. Eles foram empregados por Roma, mas eram soldados de Cristo. Eles executaram a grande ordem dada por Jesus Cristo, levando o Evangelho aos confins da terra.

Foi bom sair de Roma e não ter um soldado romano sempre comigo. Mas ainda tenho as cicatrizes das correntes no meu pulso. A liberdade física sentida parecia tão boa quanto a liberdade em Cristo da Lei.

Ao sair de Roma visitei Éfeso, além de diversos lugares por toda a Turquia. Visitei a ilha de Creta e criei ali algumas igrejas novas, para se juntarem às igrejas mais antigas já existentes na ilha. Pelo fato de Tito ser de Creta, deixei-o ali para fortalecer todas as igrejas.

Confio que Tito terá um ministério excelente em Creta. Ele está comigo desde a Conferência de Jerusalém, quando resolvemos a polêmica sobre a circuncisão dos gentios. Lembre-se, Tito é um fiel gentio em Cristo que nunca foi circuncidado.

Senhor, procuro a esperança abençoada e a aparição gloriosa
De Jesus Cristo meu Salvador e Deus.
Ele Se sacrificou por mim
   Para me libertar de toda contaminação e pecado.
Jesus purificou Seu povo para ser Seu próprio,
   E Ele sempre quer que façam a coisa certa.
Paulo disse a Tito para ensinar essas verdades
   E repreender qualquer pessoa que não o ouça,
   E finalmente não deixar ninguém o desprezar pessoalmente.

Amém.

Ordem à Vida Santa

Tito 3:1-15

Senhor, serei obediente às autoridades do governo,
   E obedecerei a todas as leis cívicas,
     E trabalharei honestamente para viver.
Não caluniarei administradores do governo,
   Nem terei briga com eles.
Mas serei cortês com eles
   E gentil com todas as pessoas.
Lembro-me que já fui tolo
   E rebelde contra as leis, e grosseiro com as pessoas
   Porque era escravo de minha lascívia,
E vivia para prazeres pecaminosos, odiando as pessoas,
   E sendo odiado por elas.

Senhor, então revelaste Tua bondade e amor para me salvar;
   Eu não fui salvo por minhas palavras de justiça,
     Mas por Tua misericórdia

Lavaste meus pecados, e nasci de novo,
    Pela obra do Espírito Santo em minha vida
    Que abundantemente derramaste sobre mim
Por intermédio de Jesus Cristo, meu Salvador.
    Jesus fez isso para que eu pudesse ser justificado diante de Ti
    E me tornasse Teu herdeiro,
    Ansioso por herdar a vida eterna contigo.

Senhor, essa é Tua verdade na qual confio,
    E sempre afirmarei,
Que aqueles que creem em Ti pela salvação
    Devem ter cuidado em manter boas obras.
Essa verdade é boa e funciona para mim,
    E funcionará para todos que acreditam nela.

Senhor, Paulo disse a Tito para não discutir sobre questões sem importância,
    E genealogias e polêmicas sobre a Lei Judaica.
    Elas são inúteis e não podem ajudar ninguém. Se qualquer pessoa discutir sobre essa verdade após a primeira e
    segunda repreensão,
    Ponha-o para fora da Igreja.
    Esse tipo de pessoa já se condenou,
    E rejeita a verdade.

Senhor, Paulo prometeu enviar Ártemas ou Tíquico a Tito, e então ele deveria ir ao encontro dele em Nicópolis, pois decidiu passar o inverno ali. Ele disse a Tito para fazer planos de viagem para Zenas, o jurista, e Apolo. Paulo queria que todos os fiéis ajudassem aqueles em necessidade. Isso torna suas vidas produtivas. Todos com Paulo enviaram saudações a Tito e ele finalmente ora: "Que a graça esteja com você".

                        Amém.

Filemom

História de como foi escrita a carta a Filemom

Data: 64 d.C. Escrita em: Roma, Itália. Escrita por: Paulo

Quando cheguei em Roma como prisioneiro, fui escalado para ser isolado na prisão Mamertine. Todas as celas são abaixo do chão – escuras e sombrias. Mas, por ser prisioneiro político, me permitiram alugar um quarto, caso eu tivesse dinheiro. Claro que eu teria de pagar todas as despesas, incluindo a despesa dos soldados romanos para me vigiarem 24 horas por dia. Mas Deus foi misericordioso comigo. Aluguei o apartamento no segundo andar com varanda voltada para a rua e para a ágora (mercado).

O sol do começo da manhã abriu-se entre os prédios altos nos lados da rua para minha varanda, o que fazia dela um lugar maravilhoso para orar e relaxar. Quando vou lá orar, ninguém me perturba. O guarda romano – um dos quatro que ficavam no apartamento 24 horas por dia – me deu liberdade. Ele sabia que eu não ia pular da varanda, nem tentaria escapar.

Todos no apartamento ouviam o barulho das correntes, quando levantava minhas mãos para orar. Isso lhes lembrava que apesar de ser livre em Cristo, eu era prisioneiro de Roma. Fui enviado a Roma para ser julgado por César. Mas, quando meu nome foi acrescentado à pauta de César, disseram-me que minha audiência perante ele levaria dois anos. Meu apartamento era pago por um cristão rico, que era pastor de uma igreja acima das montanhas. Esse líder da igreja –Teófilo – havia dado a Lucas 10 mil barras de prata para pagamento por minhas necessidades e pelas necessidades de meus amigos em Roma. Mas era um empresário astuto. Em troca pelas 10 mil barras de prata, pediu a Lucas para escrever uma descrição precisa do crescimento da jovem igreja – os Atos dos Apóstolos. Enquanto eu orava na varanda, Lucas estava isolado em um pequeno quarto, escrevendo a história do Cristianismo. Toda manhã Lucas entrevistava pessoas para entender a história da jovem igreja, e de tarde ele escrevia o que ouvia.

Da mesma forma que Lucas já havia escrito sobre a vida de Cristo com base em sua pesquisa cuidadosa em toda a Terra Santa, então escreveu os Atos dos Apóstolos seguindo o mesmo modelo. Ele havia acumulado anotações de todas as pessoas que entrevistou ao longo dos anos. Da mesma forma que o Espírito Santo guiou Lucas do Alto para garantir a exatidão do evangelho de Lucas, Ele mesmo estava garantindo as palavras de Atos.

Uma manhã eu estava orando pela pequena igreja em Colosso, na Turquia. Uma pequena vila não muito distante da capital, Éfeso. Orei por todas as pessoas da igreja, em seguida orei pelos escravos na vila onde a igreja se reunia.

Então algo providencial aconteceu. Quando olhei para a rua, de repente, vi um rosto que me lembrou um dos servos em Colosso por quem havia acabado de orar. Juntei as mãos para gritar sobre o parapeito da varanda: "Ei!... Onésimo... aqui... olhe para cá... eu me lembro de você".

Onésimo ficou chocado que alguém em Roma o conhecesse por nome. Ele foi escravo na vila de Filemom. Depois vim a saber que Onésimo era um escravo fugido.

Onésimo sabia onde o dinheiro do seu mestre era guardado. Ele trabalhava na casa, em contraposição a um escravo do campo. Onésimo esperou a oportunidade. E ela veio, quando soube de um navio partindo, em determinada noite, de Éfeso para Roma. Essa foi a melhor oportunidade da vida de Onésimo para conseguir a liberdade. Ele teve a sua fuga facilitada. Roubou o dinheiro, correu pelo caminho sobre as

Escrevi a Tito da costa oeste da Grécia, após saber que estava tendo dificuldades com as igrejas de Creta. Alguns cristãos mais velhos oriundos das sinagogas achavam que sabiam mais sobre a organização da igreja que Tito. Ouvi dizer que alguns anciãos estavam usando fábulas judaicas em seus sermões, outros estavam recorrendo ao legalismo, e havia outros que estavam disputando acerca de genealogias.

Quando ouvi falar dos problemas, sentei-me imediatamente para escrever uma carta a Tito, meu camarada fiel. Eu tinha muita confiança em Tito, mas não confiava nos anciãos das igrejas. Tito era um jovem capaz de tarefas difíceis; eu já o mandei resolver problemas em Corinto, porque sabia que ele era confiável e cuidadoso. Embora tivesse temperamento forte, também tinha muito tato e amor.

Eu tinha levado Tito a Cristo e escreverei a ele sobre nossa fé comum.

As igrejas em Creta estavam lutando com falsos ensinamentos, e eles estão resistindo à liderança de Tito. Então decidi escrever-lhe observando: "Por isso eu te deixei em Creta, para que você colocasse em ordem as coisas que faltam nas igrejas e ordene anciãos em cada igreja".

Então pensei: *"Quando esta carta for copiada e enviada a todas as igrejas em Creta, eles também permitirão que Tito organize as igrejas, nomeie anciãos, e os ensine a verdade do Evangelho de Jesus Cristo".*

Mais uma vez, pensei no que deveria incluir na carta, e então me lembrei das palavras que escrevi aos coríntios. "Tito é meu parceiro e cooperador". É essa ênfase que quero que os cristãos em Creta conheçam. Eu quero que eles sigam a Tito da mesma forma que me seguiriam.

Sinceramente em Cristo,
Apóstolo Paulo

NOTAS FINAIS:

1. Tt. 1:10; 14; 3:9-10.   2. 2Co. 8:17; 2Co 7.6; 2Co 8:17.   3. 2Co. 7:13-15.
4. 2Co. 8:23

Orações baseadas na Carta a Tito

Qualificações Para os Pastores

Tito 1:1-16

Senhor, Paulo escreveu a Tito, chamando-se de Teu escravo
  E mensageiro de Jesus Cristo.
Ele foi ordenado para pregar aos eleitos
  Para que eles tivessem fé na Palavra de Deus,
  E fossem transformados nesta vida e ganhar a vida eterna.
Não podes mentir, prometeste a vida eterna
  Antes de o mundo ser criado.
Em Teu Plano, revelaste o Evangelho a Paulo,
  Para que pudesse compartilhar com todo o mundo.
Paulo escreveu a Tito com quem compartilhou seu ministério,
  Pois Paulo levou Tito a Cristo.
Paulo orou para Tito ter graça e paz
  De Ti, o Pai, e Cristo Jesus, o Salvador.

Senhor, Paulo deixou Tito em Creta para organizar as igrejas
  E nomear pastores em todas as cidades.
Um pastor deve ter caráter inquestionável
  E ser marido de uma esposa.
  Seus filhos devem ser fiéis
  E ele não deve ser acusado de conduta desordeira.
O pastor será Teu representante para as pessoas;
  O pastor deve ser inocente, nunca arrogante,
  Irritadiço, violento, ganancioso ou briguento.
O pastor deve ser hospitaleiro, amigável,
  Autodisciplinado, imparcial e dedicado.
Ele deve ter uma compreensão firme da mensagem da salvação,
  E deve concordar com a doutrina que Paulo ensinou,

Para que possa ensinar a doutrina saudável a todas as pessoas,
 E recusar aqueles que se opõem a ela.

Paulo disse que existiam muitos cristãos rebeldes em Creta que deviam ser corrigidos, porque eles dizem que todos os cristãos devem obedecer à Lei cerimonial judaica. Paulo disse a Tito para silenciá-los, pois estavam destruindo famílias inteiras apenas para ganhar dinheiro. Então, Paulo citou um poeta de Creta que dizia: "Os cretenses são basicamente animais mentirosos e perigosos que vivem para encher suas barrigas". Por isso, Paulo queria que Tito os corrigisse duramente e lhes mostrasse a doutrina saudável, para que eles parem de fazer o que os legalistas querem que façam.

Senhor, as pessoas comprometidas com a pureza
 Acharão a pureza em sua busca pela verdade.
As pessoas rebeldes e com pensamentos maus
 Acharão a corrupção que procuram.
Elas afirmam conhecer Deus em pessoa,
 Mas suas ações negam sua busca pela verdade.
Elas são abertamente rebeldes contra Ti,
 E tudo que elas fazem é mau.

Amém.

A Obra do Pastor

Tito 2:1-15

Senhor, Paulo disse a Tito para ensinar a doutrina saudável,
 Dizer aos homens mais velhos para serem sérios em relação à verdade,
Autodisciplinados, dignificados e fazerem tudo com paciência e tranquilidade;
 Mas, antes de tudo, devem ser homens de fé.

Senhor, Paulo disse a Tito para ensinar às mulheres mais velhas
   Que elas deveriam ter um comportamento santo,
   E que elas não deveriam tagarelar ou se embriagar,
   E serem pregadoras da santidade.
As mulheres mais velhas devem ensinar às mais jovens
   A se comportarem corretamente, amar seus maridos,
   E amar seus filhos.
As mulheres mais jovens devem ser puras, gentis,
   Manter suas casas limpas e obedecer a seus maridos
   Para que não envergonhem o Evangelho com seu estilo de vida.

Senhor, Paulo disse aos homens mais jovens para se comportarem,
   E serem sérios sobre suas tarefas na vida.
Eles devem ser exemplo de sinceridade e honestidade,
   E manter suas promessas,
Para que ninguém os acuse de mentir,
   E eles não devem tirar proveito financeiro de outras pessoas.

Senhor, Paulo disse aos trabalhadores para obedecerem a seus chefes,
   E obedecerem às ordens dadas a eles,
E nunca roubar nada deles
   Mas serem completamente honestos em todos os momentos.
Os escravos devem lutar para ser um exemplo de Cristianismo
   Em tudo que fazem.

Senhor, revelaste Tua graça a nós,
   E a disponibilizaste para toda a raça humana.
   Nos ensinaste a negarmos a nós mesmos de tudo
      Que não nos leve à santidade.
   Ensinaste-nos a negar nosso orgulho e ambições pecaminosas,
A nos disciplinar e viver de modo agradável,
   Aqui e agora neste mundo presente.

colinas para Éfeso, para que ninguém o visse na estrada principal. Entrou no navio pouco antes de partir, pagou sua entrada e, até Filemom dar por falta dele, já teria partido rumo à Turquia.

Agora... aqui em Roma... uma voz familiar chamou seu nome. Onésimo olhou para cima para reconhecer quem o chamava da varanda. Deu-se conta: *"Esse é o pregador que veio à casa do meu mestre para nos falar sobre o Evangelho"*. Onésimo pensou: *"Esse pregador vai me entregar para os soldados romanos"*. Eu gritei da varanda: "Espere... vou enviar Timóteo até aí para te buscar. Queremos que você almoce conosco".

Onésimo primeiro olhou para um lado da rua, depois para o outro. Havia soldados em ambas as esquinas. Ele pensou: *"Se Paulo gritar, os soldados me prenderão"*.

Então Onésimo gritou de volta para mim para dizer que adoraria almoçar comigo e com os outros seguidores de Jesus Cristo.

À mesa do almoço, foi quando descobri que Onésimo era um escravo fugitivo e roubara dinheiro. Dei-me conta imediatamente de que, se Onésimo fosse entregue aos soldados, eles poderiam aprisioná-lo ou até mesmo matá-lo. Ainda que Onésimo fosse devolvido a Filemom em Colosso, seu mestre tinha o direito de executá-lo. Se não o matasse, Filemom poderia puni-lo severamente.

Ofereci o Evangelho de presente a Onésimo, pregando para um homem com o mesmo entusiasmo que havia pregado no Areópago ou perante muitas sinagogas judaicas. Conforme Onésimo ouvia com atenção, ficou convencido de seu pecado e estava triste pelo seu crime. Mas havia outro sentimento. Onésimo sentiu o amor de Deus derramado sobre ele. De repente, no meio de nossa conversa, Onésimo teve o grande desejo de conhecer Jesus Cristo intimamente como Salvador. Quando baixei minha cabeça para apresentá-lo em oração, Onésimo ofereceu a oração do pecador.

"Senhor Jesus, vem até meu coração e me salva, pois sou um grande pecador..."

Nos seis meses seguintes, Onésimo dormiu em uma pequena cama perto da porta dos fundos. Ele estava mais feliz do que jamais esteve na vida, pois estava servindo ao Senhor e executando o que fora treinado para fazer. Onésimo estava me servindo como criado da casa. Ele imediatamente começou a limpar o apartamento, varrer o chão todos os dias e preparar as refeições.

Depois de seis meses, planejei enviar Tíquico à Turquia para levar uma carta até às igrejas em Éfeso e Colosso. Essas cartas iriam circular entre outras expondo as riquezas que elas tinham em Cristo Jesus.

Então, anunciei certa manhã: "Onésimo... enviarei você com Tíquico de volta a Filemom...".

Todos os fiéis me olharam espantados. Eles não tinham certeza se essa era a melhor coisa a fazer. Sim, eles gostavam do serviço doméstico feito por Onésimo, mas estavam mais preocupados com sua segurança, se voltasse para Filemom.

Onésimo também estava muito preocupado. Olhou para o chão sem encarar ninguém. Apesar de não haver nenhum contato visual, os homens na sala podiam ver o pânico estampado na expressão facial de Onésimo.

"Não se preocupe", eu disse: "Deus irá com Onésimo, quando voltar para casa em Colosso". Então eu expliquei: "Essa é a coisa certa a fazer. Onésimo deve voltar para consertar a situação".

Eu disse aos homens: "Eu orei sobre isso e planejo escrever uma carta a Filemom dizendo a ele como lidar com esse assunto. Creio que Deus ouvirá as minhas preces e Filemom receberá nosso irmão Onésimo de braços abertos".

Eu disse aos homens sentados em volta da mesa que Filemom faria o que pedi, porque eu o havia levado à fé em Cristo da mesma forma que havia feito com Onésimo. "Escreverei para elogiar Filemom por todo seu amor e fé em seguir a Jesus Cristo. Eu enviarei nossa apreciação pela doação financeira enviada por ele."

Então eu expliquei que escreverei sobre minha afeição por Onésimo, e como havia feito os serviços domésticos para nós em Roma. Eu disse-lhes: "Pedirei a Filemom para recebê-lo de volta, não como escravo, mas como 'irmão amado'. Estou confiante que Filemom irá aceitá-lo de volta", assegurei aos meus seguidores. "Eu me oferecerei para pagar qualquer despesa de Onésimo."

Então eu sorri e disse: "Direi a Filemom que estou indo visitar Colosso e que deve preparar meu quarto favorito".

Todos em volta da mesa riram e concordaram que a carta deveria ser enviada pelas mãos de Onésimo e Tíquico, e que Filemom faria a coisa certa.

Sinceramente em Cristo,
Apóstolo Paulo

Orações baseadas na Carta a Filemom

Oração Pelo Perdão e Restauração

Filemom 1-25

Senhor, Paulo escreveu uma carta com Timóteo, de sua prisão em Roma, para Filemom. Um cristão rico em Colosso. A carta também foi endereçada à esposa de Filemom, Áfia e ao seu filho Arquipo, líder da igreja em Colosso.

Senhor, eu oro pela graça e paz na minha vida
Da mesma forma que Paulo orou pela vida de Filemom.
Dá-me essa graça e paz
De Ti, meu Pai celestial, e do Senhor Jesus Cristo.

Senhor, Paulo Te agradeceu por Filemom
   E continuou a orar por ele.
Que Filemom continuasse a confiar no Senhor Jesus
   E desenvolver o amor por Teus filhos.

Senhor, eu Te agradeço por homens como Filemom
   Que influenciaram minha vida de serviços a Ti.
Obrigado por eles terem enriquecido minha vida.

Senhor, Paulo disse que Filemom estava totalmente comprometido
   Com a obra de Deus,
E, se Filemom depositava sua generosidade no trabalho,
   Ele entenderia o que realmente poderia realizar;
A generosidade de Filemom dera a Paulo alegria e consolo,
   E renovou seu coração em servir a Deus.

Carta a Filemom

Senhor, que eu possa usar meus recursos de forma generosa em Teu serviço
Para abençoar e ministrar a outras pessoas.

Senhor, Paulo pediu com coragem um favor a Filemom,
    Apesar de poder exigir,
    Em virtude de tudo que fez por Filemom.
Paulo pediu que sua solicitação fosse considerada de um amigo,
    Que agora era um idoso aprisionado por sua fé em Cristo.

Senhor, Paulo solicitou que a gentileza fosse mostrada a Onésimo,
    Um escravo fugido de Filemom,
    Que ele havia levado a Cristo;
Onésimo não foi muito útil a Filemom no passado,
    Mas agora é útil a ambos
    Porque estava servindo a Paulo na prisão.

Paulo diz, estou mandando Onésimo de volta a você
    E parte do meu coração volta com ele.

Senhor, assim como o nome Onésimo significa útil,
    Que eu possa ser útil a Ti e a outras pessoas.

Senhor, Paulo realmente queria manter Onésimo em Roma.
    Para fazer para ele o que não podia,
    Porque as correntes o limitavam.
Onésimo podia ajudar no ministério de Paulo
    E essa seria a contribuição dele,
Mas Paulo não queria que ficasse em Roma
    Sem o consentimento de Filemom;
E também não queria forçar Filemom
    A deixar Onésimo em Roma com ele.

Senhor, Onésimo fugiu por algum tempo,
    Agora Filemom poderia tê-lo permanentemente.
Porém não seria tomado de volta apenas como escravo,
    Mas recebido como irmão amado em Cristo.

Onésimo fará mais por Filemom agora como irmão
  Do que fez anteriormente como escravo porque,
  Agora, ele pertence a Ti.
Senhor, Paulo pediu a Filemom para receber Onésimo
  Como receberia ele próprio.
Se Onésimo roubou alguma coisa
  Ou custou alguma coisa a Filemom,
Paulo disse: "Coloque isso na minha conta
  Eu o reembolsarei".
  (Paulo não mencionará que Filemom deve a ele sua própria vida).

Senhor, esta carta é uma representação maravilhosa do Cristianismo;
  Da mesma forma que Onésimo fugiu de seu mestre,
  Eu estava me afastando de Ti.
Da mesma forma que Paulo prometeu orar pelos danos de Onésimo,
  Então Cristo pagou por todos os danos
  Que meu pecado causou em meu relacionamento contigo.
Da mesma forma que Paulo ora para Filemom receber Onésimo
  Cristo ora para que Tu me recebas.
Senhor, Paulo confiou que Filemom desse uma resposta positiva,
  Então acrescentou que faria mais do que lhe foi pedido,
Senhor, Paulo acrescentou mais uma solicitação: "Prepare um quarto.
  Estou orando que Deus me enviará para te encontrar".
Paulo enviou seus cumprimentos, de Epafras, Marcos,
  Aristarco, Demas e Lucas, seus cooperadores.

Senhor, da mesma forma que Paulo orou para que a graça do Senhor Jesus Cristo
  Estivesse com seu amigo, Filemom,
  Eu oro pela mesma graça em minha vida.

Amém.

Mensagem vinda da parte do Senhor

Sobre o autor

Dr. Elmer Towns, autor de obras acadêmicas e consagradas, professor universitário e atuante nas escolas dominicais. Por volta de 125 livros publicados, incluindo vários best-sellers, Dr. Elmer recebeu, em 1995, a prestigiada premiação Gold Medallion Book Award pela obra *The Names of the Holy Spirit*.

Em 1971, junto com Jerry Falwell, foi o cofundador da *Liberty University* e, agora, trabalha como reitor da universidade B. R. Lakin School of Religion e professor de Teologia e do Novo Testamento.

A Liberty University foi fundada em 1971 e, atualmente, é a universidade que mais cresce nos Estados Unidos. Localizada em Lynchburg, na Virgínia, é uma instituição coeducacional, privada, de graduação e pós-graduação, sendo 38 cursos destinados à graduação e 15 à pós-graduação, que atendem em torno de 25.000 estudantes internos e externos (9.600 no campus). Pessoas de mais de 50 estados e 70 nacionalidades diferentes fazem parte do corpo estudantil. Enquanto o corpo docente e o estudantil aumentam consideravelmente, o denominador comum e principal condutor da universidade, desde a sua concepção, é o amor por Jesus Cristo e o desejo em fazer que Ele seja conhecido pelo mundo inteiro.

PARA MAIS INFORMAÇÕES SOBRE A LIBERTY UNIVERSITY, ENTRE EM CONTATO:

Liberty University 1971 – University Boulevard, Lynchburg, VA – 24502 Telephone: 434-582-2000
E-mail: www.Liberty.edu

O Plano de Batalha para a Oração

Há muito poder na oração, não podemos negar. A oração atendida não é fruto de mera coincidência. Ela é, simplesmente, uma impressão digital de um Deus vivo e amoroso que convida a todos para o convívio com Ele.

A esperança dos autores é que, ao iniciar a leitura, você possa conhecer Deus mais profundamente e tenha comunhão mais íntima com Ele.

Esta será uma jornada de aprendizado na forma estratégica de orar, aproximar-se do trono de Deus, lutar de modo eficaz nas batalhas da vida e entregar suas preocupações nas mãos do Pai, aquele que verdadeiramente Se importa com a sua vida.

Algumas das mais importantes passagens da Bíblia são ressaltadas durante a leitura, assim como o destaque aos recursos oferecidos por Deus para que a oração seja feita de forma mais intensa e precisa, seus benefícios e o modo como Deus os responde.

Se você deseja se aproximar mais de Deus e orar com eficácia e estratégia, não encontrou esse livro por mero acaso. O Senhor está chamando você para ter um relacionamento mais profundo com Ele.

bvbooks

www.bvbooks.com.br ❖ (21)2127-2600

Oração Fervente

Orar com precisão é fundamental. Por isso, devemos orar exatamente sobre as áreas nas quais suspeitamos de que o inimigo está atuando. Assim, nos mantemos inteiramente envolvidos e alertas, confiando em Deus para as coisas certas. Não adianta arremessarmos palavras e emoções para todas as direções, é preciso estudar a forma com a qual o inimigo nos ataca, caso contrário, estaremos apenas perdendo tempo em lutar uma batalha perdida.

A intercessão contida nessas páginas vai abrir as portas para tudo aquilo que Deus deseja fazer de bom por você. E o ajudará a se armar para essa batalha incessante que acontece todos os dias contra o nosso maior inimigo.

Autora e atriz do filme O Quarto de Guerra, Priscilla Shirer conta como sua avó inspirou sua vida de oração, detalha como foi atuar no filme e indica versículos que podem ser utilizados nas orações, voltados para cada situação enfrentada no dia a dia.

bvbooks

www.bvbooks.com.br ❖ (21)2127-2600

Celebrando Jesus nas Festas Bíblicas

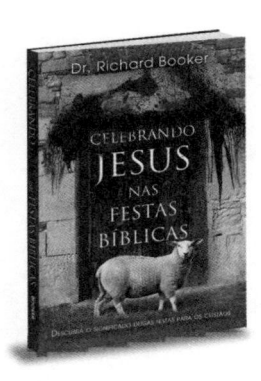

Com um enredo baseado na Bíblia, o autor mostra o significado de cada festa do Senhor e como elas apontam para Jesus.

As festas, originalmente celebradas por Israel, figuram o Messias e representam sete fases de crescimento espiritual na vida dos cristãos:

Páscoa	Pães asimos
Primícias	Pentecoste
Trombetas	Expiação
Tabernáculo	

O dr Richard Booker é escritor considerado pai espiritual no ensino sobre Israel, sobre a relação entre judeus e cristãos e as raízes bíblicas hebraicas do cristianismo.

Aceite a relevância e a riqueza da celebração das festas nos dias de hoje!

bvbooks

www.bvbooks.com.br ❖ (21)2127-2600

Série Concisa - Doutrinas Bíblicas

A Série Concisa Doutrinas Bíblicas foi escrita para o cristão comum, o não teólogo. Trata-se de uma obra rica e esclarecedora sem ser demasiadamente técnica e subjetiva. Pelo contrário, a proposta de Elmer L. Towns é simplificar e tornar acessível textos sofisticados e obscuros para o público em geral.

Conhecer as Doutrinas Bíblicas significa aproximar-se do Criador e conhecê-lo mais intimamente. Elas são os princípios básicos para a fé e vida do cristão. Foi a fundamentação da fé cristã nas Escrituras foi um dos fatores que auxiliaram a Igreja do Novo Testamento atravessar séculos anunciando o evangelho de Cristo.

A leitura de Série Concisa Doutrinas Bíblicas é envolvente e prática para qualquer pessoa que se interesse em aplicá-la no seu dia-a-dia.

bvbooks

www.bvbooks.com.br ❖ (21)2127-2600